先延ばしする人は早死にする!

メンタリスト DaiGo

世界文化社

はじめに

「あとでやる」人が9割！ 人類の95%が先延ばししている

Leave nothing for tomorrow which can be done today.
（今日できることは今日やってしまおう）

アメリカ16代大統領エイブラハム・リンカーンの言葉です。同じような意味で、

Why put off until tomorrow what you can do today.
（今日できることを明日に延ばすな）

「やるべきことにはすぐに取りかかれ」という意味の英語のことわざもあります。日本で言えば、『思い立ったが吉日』といったところでしょうか。少し前には、予備校

講師の林修氏がＣＭで言った『いつやるか？　今でしょ！』というフレーズが流行語になりました。

こうした格言やことわざが時代を超えて残り、そして流行《はや》るのは、それだけ「今できない」人が多い証拠でもあります。

●仕事をしなきゃと思っていても、誘われれば飲み会が優先
●課題やレポートの提出は、いつも締め切りギリギリ
●直前まで勉強せず、テスト前はいつも一夜漬け
●公共料金の支払いは、いつも督促状が届いてから
●年末にカレンダーを買わなきゃと思って、すでに４月
●運転免許証の更新は、毎回のように期限目前で大慌て
●明日電話すると言ったまま、そろそろ1年になる学生時代の友人
●まとめて出そうと思ってベランダに出したままのゴミ袋
●買ったきり、電池も入れていない万歩計――

ここに書き加えることができる先延ばしの経験を、みなさんもまだまだ持っているのではありませんか。

やるべきことを前にグズグズと動けず、いつまでも取りかかれない——。

私たち人間は、時代や国を超えて「先延ばし」という、もはや〝業〟とも言えるような悩みを抱え続けているのです。

心理学者でもあるカナダ・カルガリー大学ビジネススクールのピアーズ・スティール教授が過去40年にわたって世界中のさまざまな人に行ったアンケート調査を分析したところ、実に95％の人が「自分に甘く、仕事や作業で先延ばしをする」ことが明らかになりました。

さらに「慢性化した先延ばしグセが自分の性格的特徴」と考える人は全世界の人口の5人に1人（約20％）も存在するという報告もあります。

95％というのは衝撃の数字でしょう。5人に1人にも驚きです。そう考えれば、今この瞬間も、世界のどこかで誰かが何かを先延ばししているように思えます。これはもはや〝生活習慣病〟と呼んでいいかもしれません。

そう、先延ばしとは、全人類共通の悪しき行動習慣なのです。

先延ばしの行き着く先はツケばかり！1年で20日間、106万円が消滅する

キッチンの食器洗いから仕事における大きな決断まで、人が「やるべきこと」「やらなければいけないこと」を実行できない原因のほとんどは、先延ばしというクセに帰結すると言ってもいいでしょう。

ひとつひとつの先延ばし自体はたいした影響がなくても、それが積み重なると、大きな弊害が現れてきます。

例えば、日々のさまざまな先延ばしによって、私たちはいったいどれぐらいの時間やお金をムダにしていると思いますか。

アメリカのインターネットサービス会社ＡＯＬ（アメリカ・オンライン）とサラリーマンドットコムが、１万人以上の労働者に労働習慣に関する調査を行ったところ、一

般的な労働者は1日8時間の労働のうちの約2時間（昼休みや休憩時間は別）、つまり労働時間の4分の1を先延ばしによってムダにしているという結果が出ました。これは世のビジネスマンや会社経営者にとって衝撃の結果でしょう。

1日2時間、5日で10時間。1カ月（20日として）で40時間。1年では480時間。単純計算で1年のうち20日間をムダに使っていることになります。

何ともったいないことでしょうか。

また、1日に2時間のムダと考えて、アメリカの平均所得から計算すると1年間に最低約9724ドル（1ドル＝109円として約106万円）がムダになっているといいます。企業にすれば仕事の先延ばしという何も生み出さない時間に対して1人につき年間9724ドルも支払っている、労働者からすればそれだけの損害を与えていることにもなります。

アメリカ人の労働者を1億3000万人と見積もると、その額は何と1兆2641億ドル、**日本円にして137兆7898億円という天文学的な数字になってしまいます。**

アメリカでの調査ではありますが、日本に置き換えて低く見積もったとしても、先延ばしのムダは大きく変わらないとも考えられます。

あの時間で何ができたか。あのお金で何ができたか。

個人的な小さな「あとで」の積み重ねが、ムダのレベルを超越した膨大な経済的損失につながっています。

極論ではありますが、先の数字は日本の国家予算以上の規模です。つまり、私たちひとりひとりの小さな先延ばしグセが、国や世界の経済の土台を揺るがすような〝脅威の芽〟になっているのです。

先延ばしグセは失業や経済不安、早死にのリスクまで

弊害は他にもあります。

前出のピアーズ・スティール教授によれば、**慢性的な先延ばしグセがある人の63%は、キャリア（仕事）における成功の程度が半分以下に下がるといいます。**

例えば目の前の仕事に積極的にすぐに取りかかる人と何だかんだ理由をつけて先延

ばしにする人とでは、上司や同僚など仕事仲間からの評価が高いのが前者であることは言うまでもありません。

先延ばししても最終的にやればまだいいのですが、慢性的な先延ばしが進行すると「あとでやる」が「結局やらない」「サボる」という結果につながるリスクが高まってしまいます。そんなことが続けば、**社内での評価の低下どころか、懲戒の対象になったり失業の恐れまであるのです**。

また、先延ばしグセの強い人には、将来的な貧困や経済不安のリスクもあります。将来に備えてお金を貯めなきゃという気はあっても、「まだ大丈夫！」となかなか貯金を始めることができない。まるで、童話の「アリとキリギリス」のキリギリスのような発想です。目の前の誘惑に負けて貯金開始時期をズルズル引き延ばし、貯めるべきお金を使ってしまう。先延ばし常習者は、いざお金が必要になったときのリスクヘッジができない傾向にあるのです。

その上、こんな恐ろしい事実が判明しています。

先延ばしばかりしていると、人は早死にする——。

「そんな大袈裟な」と思うかもしれませんが、そこにはきちんとした医学的根拠があります。

何気ないことでも先延ばしが慢性化すると、少しずつではありますが、私たちは自分の健康や生命までを蝕《むしば》まれ、おびやかされる危険があるということ。「まあ、いいか」では済まされない事態にまで発展する可能性があるのです。

「先延ばしと早死に」の相関関係については、のちほど3章で詳しく解説します。

超・実践的&科学的アプローチで「あとで」を「すぐ」に変える

「先延ばしをやめよう、克服しよう」と一生懸命に自分自身を奮い立たせては、毎回のようにくじけて、つい、目先の楽しいことを優先してしまう。

心のなかに住む「天使」と「悪魔」のささやき合いが始まると、どうしても悪魔の誘惑に気持ちが動いてしまうのもよくあること。

しまいにはそんな自分に落胆し、「先延ばしはやめよう」という決意まで先延ばしにしてしまいがちです。

多くの人は「先延ばしグセ」という国民病ならぬ〝人類病〟を克服できずに、前述のようなさまざまなリスクにさらされ続けています。

書店に行くと、『すぐやれば成功する――』系の本がたくさん並んでいます。この本の前後左右にも、きっと〝それ系〟の本が置いてあったでしょう。それもまた、先延ばしグセを克服できない人が多いことの証しなのです。

数ある〝それ系〟の本のなかから本書を手に取ってくれたあなたはラッキーです。

本書は、悪しき習慣から脱却するための方法について、先延ばしのデメリットとすぐやることのメリットに**科学的かつ、心理学的な視点からアプローチした〝超・実践的〟な克服マニュアルです**。

どうすれば先延ばしグセとなる、「あとでやる」ばかりの生活に終止符が打てるのか。その方法は、決して難しいものではありません。

悲壮な覚悟も、根気のいる努力もいりません。それが必要な方法では、取り組む前に「先延ばし」されてしまいますから。

そもそも、努力と根性と忍耐だけで自分が変えられるのなら、とうの昔に人類は先延ばしのリスクから解放されているでしょう。

本書で先延ばしの正体とその原因がわかれば、引き起こされるリスクとデメリットを回避できます。

最後まで読み終えたとき、みなさんの「あとで」の意識は大きく変わり、フットワークの軽いスタートダッシュの達人としての資質が芽生えているはずです。

本書を手に取った段階で、すでにみなさんは先延ばし解消への取り組みの第一歩を踏み出しています。

次の一歩は、先延ばしせずにページをめくるだけです。

2018年10月　メンタリストDaiGo

はじめに

第1章
人はもともと先延ばしする生物
「あとで」の正体とは？

第2章
すぐやる気持ちを阻む3つのメンタル・ブレーキ

第3章 だからうまくいく「すぐやる人」が手にする5つのメリット

COLUMN

第4章

「あとで」を「すぐ」に変える5つのSTEP

第5章
「すぐやる」があたりまえになる 5つの習慣化戦略

第1章

人はもともと先延ばしする生物

「あとで」の正体とは？

全人類的〝悪〟習慣「あとで」とは何か？

「先延ばし」って結局、どういうこと？

先延ばしというクセ、悪しき習慣の正体を探る前に、まず「先延ばし」とは何かを定義しておきましょう。

「先延ばし」という言葉を辞書で引いてみると、次のように記されています。

【先延ばし】すぐやるべきことや予定していたことを先へ延ばすこと

（三省堂『大辞林』より）

重要なのは「すぐやるべきことを」という表現です。つまり、「絶対やらなきゃいけない」のに、「あとで、自分の首が締まるのがわかっている」のに、にもかかわらず意図的に遅らせるのが「先延ばし」なのです。

ある作業を目の前にしたとき「すぐにやらなきゃいけない」と認識している自分がいる。でも、もう一方には「飲みに行きたい、スマホゲームの続きをやりたい」という自分がいる。

ふたりの自分がぶつかりあった結果、後者の自分が勝利を収め、「あとにすればいいか」「明日でも間に合うでしょ、きっと」と前者の自分を説き伏せてしまう。

やらなきゃマズイと自分で思いながら、ズルズルといつまでも手をつけずに、何もしないのですから、当然、その「やるべきこと」は何も進みません。

だからあとになって「ヤバい、時間がない」と真っ青な状況になり、自分でそうなると予想していたのに青くなるのです。

先延ばしの特徴は、こうした「自業自得」的な要素にあります。そこで本書では、克服すべき「先延ばし」を、

『あとあとマイナスの事態を招くと知りながら、それでも意識して行動を延期すること』

と定義したいと思います。

DO IT NOW

脳は基本的に怠けもの 脳が「あとで」とささやく理由《わけ》

ここからは、先延ばしを脳科学の側面から検証していきます。

私たちの先延ばし行動が、脳が出す指令によるものなのは言うまでもありません。そして興味深いのは、面倒なことを後回しにしたくなるのは、むしろ人間の脳にとっては〝正常な働き〟だということ。それはなぜか。

そもそも人間の脳は怠けものだからです。

私たちの脳は非常に優秀ですが、一方でできるだけエネルギーを使いたくない、すぐに楽をしたがったり、すぐ休もうとする〝偉大なる怠けもの〟なのです。人が何かにつけて〝易《やす》きに流れる〟のは、こうした怠け者の脳のせいでもあります。私たちの脳の機能を、ものすごく大雑把に分類すると、

- 「大脳辺縁系」にある、体をコントロールする運動系
- 「大脳辺縁系」にある、好き嫌いや快・不快などを司る感情系
- 「前頭葉」にある、思考や理性、意欲などを担う思考系

の3つに分けられます。

脳の3つの機能

これを見ると、「やる気」を担当しているのは前頭葉だということがわかります。前頭葉がしっかり機能していると、「やるべきこと」にしっかり注意を向けて、それに取り組むことができます

逆に、前頭葉がちゃんと機能しないと、やるべきことを前にしても「やらなきゃ」と自分を律する思考や理性が働きません。そのため、好き嫌いや快・不快といった本能的な感情に流されて、すぐに行動を起こしにくくなります。

このように先延ばしグセとは、「やる気の前頭葉」と「誘惑を最優先す

これだから
若いもんは…
バブー
20代の脳は
まだ発展途上
60代でも
成長中！

る辺縁系」とのせめぎ合いで、辺縁系が優位に立ったときに起きる行動と言うこともできます。

また、年齢の若い人ほど先延ばしをしやすいこともわかっています。人間の肉体的成長は10代後半がピークですが、**脳の成長は20代に入っても続き、さらに60代後半まで続きます。つまり、若いうちは前頭葉がまだ十分に発達していないのです。**

ですから10代や20代の若い世代ほど大脳辺縁系が優位になりやすく、誘惑にも弱いため、先延ばし行動をとりやすくなります。「若いモンはこらえ性がない」というおじさんおばさんの決まり文句はただのやっかみのようで、実は脳科学的な根拠があるのですね。

今のままがいい！ 変化を嫌う脳は安全・安心・安定が好き

脳には「変化を嫌う」という、もうひとつの特性があります。

脳にとって何よりも大切なのは「生命を維持すること、生存すること」。言ってみれば「生きているだけで丸もうけ」が、脳の基本的な考え方なのです。

この最重要課題を達成するために、脳はまず「危険」「不安」「変化」といったものを嫌い、「安全」「安心」「安定」を追求しようとします。こうした特性はホメオスタシス（恒常性維持機能）と呼ばれています。

今、生存できているのなら「それがいちばんいいじゃないか」と考え、その状態をなるべくそのままキープしようとするわけです。

そんな脳にとっては、「新しい習慣を身につける」ことでさえも排除すべき変化になります。たとえそれが人間的な成長につながる望ましい行動習慣だとしても、生存を脅かす可能性がある変化と捉えて、「そういうの、やめとこうよ」と抵抗します。

脳はそれほどに安定を求める〝超・現状維持派〟なのです。

今日から禁煙しよう——でも、明日からでいいか。

今日からダイエットしよう——いや、来週からでいいか。

健康にいいことをしたほうがいいとわかっていて、いざとなったら始められずに先延ばしするのも、やりかけたけれど挫折するのも、今の自分を変えるような行動に対して、脳が〝拒絶反応〟を起こすからです。

変化を避けて「すぐやる」という行動に歯止めをかける。こういった先延ばしや三日坊主には脳の特性、ホメオスタシスの状態が大きく影響しているのです。

脳はかなりの心配性
動く前から〝悪いほう〟に考える

面倒くさそうな作業や難しそうな仕事を任されたとき、「できないかも」「失敗したらどうしよう」という〝悪い事態〟が頭に浮かんで、なかなか取りかかれない――。

こうした状態にも、脳の特性が影響していると考えられます。

どういうことか。**人間の脳には、いいことよりも悪いことに意識が向きやすい傾向があるのです。**つまり、私たちが何か行動を起こそうというとき、脳はつい悪い結果を想像しがちだということ。これを心理学用語で「否定的偏向（ネガティブ・バイアス）」と呼びます。
原始時代、いつどこで猛獣に襲われるかわからないという環境下を生き延びてきた人類には、常に最悪の状況を想定しながら行動する必要がありました。弱肉強食の世界では、「大丈夫、なんとかなるよ」という楽観的な考えは通用しません。生き残るために未知の経験や行動をするときには、常に不安や恐れといった否定的な気持ちを持って最悪の事態に備えていました。

その結果、人間の脳はかなりの〝心配性〟になっていったのです。

ただ、原始時代ならば理に適《かな》って

いたこの習性も、現代社会ではマイナスの影響を与える、弊害となるケースが多くなっています。

初めての作業や仕事を前に「できるのかな」と不安になる、その不安からつい、先延ばししたくなる、それは進化の過程で身につけた脳の習性でもあるのです。

先延ばしグセは人間だけじゃない!?
鳩だって面倒なことを先延ばしする

ちなみに、人間以外にも先延ばしをする動物がいることがわかっています。

例えば鳩。公園でエサをあげたことがある鳩、平和の象徴の鳩です。心理学者のジェームズ・マズールが行った実験で、鳩も人間と同じように先延ばしをすることが判明しました。実験の内容は以下のとおりです。

実験

まず訓練した鳩に、AとB、2種類の作業スケジュールを学ばせます。

A：先に少しだけ作業して、そのあとで長く休む＝先にやって、あとで楽をする

B：まず休んでからAの約4倍の作業をする＝先に楽をして、あとで苦労する

※A、Bともに、最後にはエサに

ありつけるという〝ごほうび〟がある

そしてAとB、どちらのスケジュールに従うかは鳩に任せたのです。

その結果、鳩たちが選んだのはスケジュールB。

先に楽をしてあとで苦労するほうを選択しました。のちに4倍もの作業を課せられるとわかっていて、あえて作業を先延ばししたのです。

また、本書の定義である「やるべきことの先延ばし」とは違いますが、イノシシは汚れたエサがあるとすぐには食べず、水辺できれいに洗うまで食べるのをガマンして先延ばしする、食べる楽しみを先延ばしできるという報告もあります。

先延ばしという行動は、人間だけの特権ではないのですね。

DO IT NOW

「だらだらスマホ」「ちょくちょくSNS」で、先延ばしが7割加速する

脳の特性と先延ばしを考えたとき、原始時代からの産物的な先延ばしもあれば、現代人の脳ならではという要因によって生まれる先延ばしもあります。

- **72%の人がトイレでもスマホでメールやメッセージを確認している**
- **62%の人がWi-Fi環境がない場所だと不安を感じる**

これは、ある調査で得られたデータです。

現代のコミュニケーションに欠かせない存在として社会に浸透したＳＮＳ、そしてそのベースとなっているスマホやインターネット。

便利この上ないツールなのですが、便利ゆえに深刻化しているのが過度な利用、いわゆる「スマホ中毒」「ネット中毒」「ＳＮＳ中毒」といった依存現象です。

近年、スマホやインターネット、ＳＮＳへの過度な依存による、うつや不安障害、不眠症といった脳活動への悪影響が指摘されています。さらにこれらの中毒には、「先延ばし行動を引き起こすリスク」もあります。

- 四六時中スマホを手放せない
- ゲームを始めるといつまでもやめられない
- 「少しだけ」のつもりが、気づけば何時間もスマホをいじっている
- トイレにまでスマホを持ち込んでＳＮＳをチェックする
- スマホが手元にないと落ち着かず、ほかのことが何もできなくなる
- 電波が届かない場所にいるだけで不安になる

朝起きて最初にするのはスマホでのSNSチェック――。

こうした状況は、もはやスマホやSNSに自分の時間をのっとられたもの。すると当然、やるべきことにもなかなか取りかかれない。やり始めても気になって落ち着かない。何をするにも「ちょっとスマホを見てから」「少しだけSNSをチェックしてから」になってしまうのは十分に想像できます。

スマホやSNSに依存して、やるべきことや守るべき約束を先延ばしにする。**これは現代社会が生み出したあらたな誘惑であり、現代人ならではの先延ばし現象と言えるでしょう。**

意志の弱さ、根性、一切関係なし!!
「先延ばし」は、脳でコントロールできる

- 楽をしたがる怠けもの
- 変化を嫌がる現状維持派
- 悪いほうに考える心配性

先延ばしという行動には、このような脳の特性が密接に関係しています。そのため、脳に思考や行動、意思決定などを委ねている私たち人間は本来、先延ばしをする生き物と言っていいでしょう。

脳の「あとでやろう」という指示に従うことは、人間としての本能であり、自然の摂理でもあります。また、そう考えれば、先延ばしグセは単なる**「意志の弱さ」や「根性のなさ」「注意力散漫」「優柔不断」といった個々人の性格とはほとんど関係がないことになります**。

人間ってそういうものなら、仕方ないか――でも、それは違います。

そうだからと言って先延ばしグセをただ放置しておいては、仕事や人間関係に多大なデメリットが生じてしまうでしょう。前述したように、現代社会では先延ばし行動は物事に

対してマイナスに働くことが非常に多いのです。

ただ、**先延ばしグセの克服に根性論や精神論を掲げても効果はありません。**脳がもたらす先延ばしは、**脳への対処で克服するのが最善の対策です。**

ならばするべきは「易きに流れやすくて現状維持がいちばん」と言い張る頑固な脳を、いかに上手にコントロールして重い腰を上げさせるか、なのです。

経営コンサルタントのリタ・エメットは「作業の先延ばしは、片づ

先延ばしすると
片づけの倍
時間がかかるよ！
（ますます）
やりたくないなー…
時間
作業
作業
作業
作業
作業
作業
作業
作業

けよりも倍の時間とエネルギーを必要とする」と指摘しています。

面倒くさいからといってやるべきことを先延ばしにしても、時間が経てば経つほど、「やりたくない」という心の重みは増長していきます。でもその間にも作業はどんどんたまってしまい、ますます取り組むことに不快感を覚えていく――そんな悪循環が続くことになります。

どうせ最後はやらざるを得ないのですから、先延ばしせずにできるだけ早いうちに心に負担となる悪い芽を摘み取っておく。そのほうが心理的にも生産性の面でもプラスになるのは理屈ではわかります。にもかかわらず、多くの人は、倍の時間と労力が必要なのがわかっていて先延ばしをしてしまうのです。

誰もが悩んでいるこの不合理な行動を、もし克服できたら、仕事も生活も、人生だって大きく変わるはずです。

次章以降は、すぐやることのメリットや先延ばしのデメリット、先延ばしの原因から具体的な克服法までを、脳科学と心理学をベースにして説明していきます。

第2章

すぐやる気持ちを阻む

3つのメンタル・ブレーキ

なぜ、人は「ぐずぐず」したがるのか

すぐやる行動に水を差す3つの心理的要因とは？

「先にやっておけば、あとあとラクになる」のは、理屈ではわかる。

「今すぐやらなきゃ、あとになって絶対に慌てる」のも、経験で知っている。

それでも、つい目の前の〝やること〟から「あとで」と目を背けてしまう。

ああ、オレってなんてダメなヤツ――。

やらなければいけないのに、何かと理由をつけて先延ばしにしたり、後回しにしたがる、人がこうした〝ぐずぐず心理〟に陥ってしまう原因はどこにあるのでしょうか。

クルマがエンジンをかけたまま、すぐ動ける状態にあるのに動かない。そんな状態を「アイドリング」といいます。実は、それは人間の先延ばしも同じです。やらなきゃという気持ちはあるのに、ぐずぐずしていてそれが高まってこないのは、「やる気のアイドリング」状態と言えます。

そしてそうなる原因は、自分のやる気エンジンの始動を阻む心理的な抑制（メンタル・ブレーキ）がかかっているからなのです。

そこで、2007年にカナダのカルガリー大学が行った研究をベースにして、人がやるべきことを先延ばしにし

てしまうメンタル・ブレーキの要因を次のように分類しました。

①別のことに気を取られる――誘惑に勝てない
②どうせできない――自分に自信がない
③今やる必要ある?――作業の価値が低い

こうした感情が、「すぐにやってしまおう」という、やる気エンジンの始動を阻み、アイドリング状態に陥らせるメンタル・ブレーキです。

ここから先は、これら3つのメンタル・ブレーキと先延ばしの関係について、もう少し詳しく説明していきます。

DO IT NOW

メンタル・ブレーキ①

別のことに気を取られて、誘惑に勝てない

目先の快楽に飛びついて、やるべきことを放り出す

すぐやらなければいけないことがある。でも、そういうときに限って友人から飲み会に誘われる。彼女から「会おうよ」というラインが来る。途中まで見た海外ドラマの続きが気になってくる。どうしようか迷った挙句、誘惑に負けて「まあいいや、あとにしよう」と、タスクを先延ばしにして誘惑に身を委ねてしまう。誰もが経験したことがあると思います。

ほかにもこんなことはありませんか？

- **タスクに取り組んでいる途中で〝ほんの数分だけ〟とYouTubeを見る**
- **〝数件だけ〟のつもりで友人にLINEをする**
- **〝ほんの数回のつもり〟でスマホゲームを始める**

ところがほんの少しのつもりが、「もう少しだけ」「あとちょっとだけ」と誘惑の沼にズルズルとハマり込み、気づけば抜けられなくなっている。

ああ、私ってなんて集中力がないんだろう――。

最初のブレーキは、「楽しそうな誘惑に勝てない」というケースです。人が先延ばしをしてしまう理由の〝王道〟とも言えるでしょう。

「やらなきゃ」というモチベーションに水を差す誘惑を断ち切り、やるべきことに手をつけられるか。そのカギとされているのが「セルフコントロール力」です。

セルフコントロール力とは、目標を達成するために、自分の思考や感情をコントロールして目先の欲求や誘惑をはねつける力のこと。つまり自制心です。

こうしたセルフコントロール力が低くなる性格には大きな特徴があります。それが「衝動性」です。

衝動性とは、何かをしたくなったら後先を考えず、すぐに行動してしまい、その衝動を抑えることができない行動特性のこと。実は、衝動性の高い人ほど先延ばしをしやすいことがわかっています。

衝動を抑えるのが苦手な人は、やるべきことがあっても別の楽しそうなことが現れると、「ああ、いますぐやりたい」という衝動を抑えられ

ず、やるべきことを放り出してそちらに飛びついてしまいます。

すると、即座に手に入る快楽への衝動が抑えられないため、「今やるべきはそっちじゃないでしょ」という自制が利きません。そのため、将来的な目標のために、今、ガマンをするということができず、ついつい先延ばしをしてしまうのです。

また、おもしろそうだとすぐ飛びつくだけでなく、あっという間に興味を失ってしまうような**「飽きっぽい人」も先延ばししやすいタイプです**。

なぜなら、目先の楽しみや報酬にすぐ心を奪われる衝動性の高さは、何をやってもすぐに気が散る「飽きっぽさ」に通じるところがあるからです。

スマホを頻繁に機種変更する人。テレビのチャンネルをしょっちゅう切り替える人。先週「ピアノを習いたい」と言っていたのに昨日は「俳句がいい」、今日は「英会話学校に通おうかな」と言っている人——こんな人は要注意かもしれません。

ひとつのことに集中してコツコツ取り組める人を「勤勉な人」と言います。つまり飽きっぽい人とは、「勤勉性が低い人」でもあるわけです。

飽きっぽさは好奇心の強さの裏返しでもあり、悪いことばかりではありません。興味のあるものに出会ったらすぐに飛びつくのは、ある意味、好奇心を先延ばしせず「すぐ動く」ことでもあります。

問題は、その興味が長続きしないことにあります。今、取りかかっているタスクの刺激が少なくなってくると、途端に興味もやる気も失ってしまうのです。こうなると気が散って、目の前のタスクよりも刺激の強い他のことに気を取られ始め、結果、やりかけのタスクが先延ばしされやすくなるのは想像に難くありま

せん。

誘惑に勝てない先延ばしには、こうした衝動性の高さと勤勉性の低さ（飽きっぽさ）、それに伴うセルフコントロール力の低さが大きく影響しているのです。

古代ギリシャでは、先延ばしする人はゲス野郎だった!?

前項で解説したように、先延ばしの大きな原因のひとつに「衝動性の高さ」が挙げられます。この衝動性、誘惑をガマンできないセルフコントロール力の低さはネガティブな性質と考えられていますが、それは現代における話。

はるか昔、人間が狩猟生活をしていた旧石器時代くらいにさかのぼると、逆に目の前の誘惑に負けて衝動のままに行動するほうが有利だったと考えられています。

狩りに出た先で甘い果実がなっている木を見つけて「甘いもので糖分を補給したい」と思ったら、「獣肉を獲りに来た」という本来の目的を放り出してでも、すぐに果実を手に入れるという衝動に任せた行動が求められました。保存も利かない時代ですから、見つけたらすぐに採って食べる必要があったわけです。

その時代、その日その日を生き延びるという目的のためには、こうした衝動的な決断や行動こそがもっとも正しい選択だったのです。

しかし時代が進むにつれて、そうした〝その日の生存〟の心配よりも、もっと将来を考えた長期的な計画性がより重要視されるようになりました。そのため、昔は生存に有利だった衝動的行動が逆にジャマになり、代わりに「先延ばし」「誘惑に勝てない」という不利な性質になったと考えられています。

古代ギリシャでは、哲学者アリストテレスが著書である『ニコマコス倫理学』のなかで「マラキア」と呼ばれる性質について論じています。

マラキアとは「やるべきことを実行しない性質＝先延ばし」のこと。実は、**マラキアという言葉には現代ギリシャ語で「ゲス野郎」といった悪いスラング的な意味があります。**

「先延ばし＝ゲス」はさすがに言いすぎですが、アリストテレスの時代には、すでに先延ばしはよくない性質だと捉えられていたことがわかります。

こうした視点から見れば、衝動的な行動やそれに伴う**先延ばしは先祖の時代から私たち誰もが遺伝子に刻み込まれている潜在的な性質**とも考えられます。

実は、アメリカ・コロラド大学のダニエル・グスタフソン教授らの研究で、物事を先延ばしにする傾向の多くが遺伝子に起因していることが判明しています。育った環境やしつけ、教育、周囲の人間関係といった外的要因以上に、遺伝的要因が影響していると結論づけられているのです。

そう聞いて「なんだ、遺伝なら自分のせいじゃない」と〝安心〟する人もいるでしょう。でも遺伝のせいにしたところで、やるべきことにすぐに取り組めないという不利的状況は何も変わりません。

今さら旧石器時代に戻れるわけでもないのですから、デメリットの多い先延ばしグセは、さっさと断ち切ったほうがよいでしょう。

DO IT NOW

メンタル・ブレーキ②

自分に自信がなく、どうせできないと思い込む

「失敗したらどうしよう」という不安がジャマをする

失敗することを恐れて、タスクに手をつけることができずに足踏みしてしまう。失敗せずにタスクをやり遂げる自信がないから取り組むことに尻込みする。これも先延ばしを生む原因のひとつです。

「自分はやればできる」と思える感情のことを「自己効力感」と言います。カナダの心理学者アルバート・バンデューラが提唱した概念で、つまり、自分の能力に自信を

持つということ。その自信が、目の前のタスクに対して行動を起こす力を左右するのです。

私たちはタスクに取り組もうとするとき、無意識に「それを達成できるかどうか」を考えます。「自分ならできる」と思えばすぐに動けるのですが、もし「イヤ、自分には無理だろう」と感じてしまったら、なかなか行動には移せません。

つまり自己効力感が低い人ほど、先延ばし傾向が強くなるということ。取り組む前から「失敗したらどうしよう」という不安に駆られ、本来やるべきことから意識をそらし

勝てるわけないよー…
俺なんて弱いし…
また今度にしたいなー
すぐやろう!!
シュッ
シュッ
強い!! 僕は強い!!
自己効力感
自己効力感

て、先延ばしという逃避行動に走ってしまうのです。

ただ、ここで重要なのは、**自己効力感とはあくまでも自分の思い込みであり、自分の能力に対する自己評価でしかないということです**。

自分では「できない」と思っていても、実際にやればできるかもしれない。本当にできるかできないかはやってみなければわからないのに、やる前から自分で勝手に自信をなくしている。

こうした自己効力感の低さ＝自分への自信のなさによる、食わず嫌いならぬ〝やらず嫌い〟が先延ばしの原因になっているケースも少なくないのです。

ちなみに、自己効力感と混同されやすいのが「自己肯定感」です。自己効力感が自分の能力や行動に対する自信であるのに対して、**自己肯定感は自分で自分の「存在価値」を認めること**。どちらも自分自身に対する認識ではありますが、まったく異なる概念です。

難しすぎても簡単すぎても、「すぐやる」にならない

失敗を恐れて二の足を踏むという先延ばしには、前述した自己効力感の低さのほかにもうひとつの要因があります。それは、やるべきタスクそのものの難易度です。

つまり、**タスクがあまりに難しすぎてすぐにやる気が起きず、つい後回しにしたくなるという心理が働くということです。**

- **自分にはレベルが高すぎる**
- **荷が重すぎる**
- **手間も時間もかかりすぎる**

そんな面倒で難易度の高いタスクが巨大な壁のように立ちはだかると、ついその場から逃げ出したくなったり、「こんなの自分にできるのかな」と尻込みをして、手をつけられなくなってしまうのです。

これらは難しすぎるタスクが、やる気を削ぐことで先延ばしが起きるケースです。

では、簡単なことなら誰でもすぐに取り組めるのかというと、そうでもないのが悩ましいところ。

逆に、やるべきタスクが簡単すぎる、または単調すぎることも先延ばしの原因になってしまうケースがあります。

「あとでやってもできるから、今やらない」「単調すぎて飽きてくる」という心理も、すぐにやる気持ちを削いでしまうのです。みなさんも経験があるのではないでしょうか。

では、「ほどほどの難しさ」とはどのくらいのことを言うのでしょう。『難しさと簡単さが50：50の状態が適度な難易度』と定義したのはロシアの心理学者レフ・ヴィゴツキーです。

ただ、「ほどほど」「適度」の捉え方は人それぞれ。「難しいことが半分なんて、自分には『ほどほど』どころか、多すぎる」という人もいるでしょう。

そうしたことを加味すると、**難しい作業や未知の経験がタスク全体の2〜3割くらいの状態が、先延ばしが生じにくい〝ちょうどいい〟難易度**と言えそうです。

難しすぎると逃げたくなる。でも、簡単すぎてもつまらなくなる。

ほどほどの難しさがなければやる気にならない。人間のやる気とはデリケートなものなのです。

また、実際に取りかかれば、たいして難しくなかったり、そんなに時間もかからないタスクなのに、勝手に難易度を高く見積もりすぎて「難しそう」「なんだか面倒くさそう」という先入観によって腰が重くなってしまうこともあります。

逆に難易度を低く見積もりすぎて「あとでやれば大丈夫」と高をくくって、いざやってみたら思った以上に難しくて真っ青になる、ということもあるでしょう。

ここで大事なのは、現在自分が抱えている**タスクの難易度を冷静に、なるべく正確に見積もることです**。（第4章202ページ参照）。

そうすることで「とっとと済ませてしまおう」というやる気や「早くやっておかなきゃマズイ」という危機感が生まれやすくなります。

自尊心を守る「言い訳づくり」という先延ばし

失敗が怖いという心理は、ときに「失敗したときの〝言い訳〟のための先延ばし」を生み出します。

普段なら思いもしないのに企画書の締め切りが迫っているときに限って、デスクの整理をしたくなる。テスト前で勉強しなきゃいけないときに限って、部屋の模様替えをしたくなる。

多くの人が経験しているのではありませんか。

こうした行動の裏には、もし企画が通らなかったり、成績が悪かったりしたときに、「あのときデスクの整理をしなければ、もっといい企画書が書けた」「模様替えなんかしなければ、もっといい点数が取れた」という言い訳をつくっておきたいという心理が働いています。

このような先々の失敗に対する〝予防線(言い訳)〟を自ら事前に張っておくという心理行動をセルフ・ハンディキャッピングと呼びます。

「オレは追い詰められないと集中力がでないんだよ」と先延ばしを正当化しようとする人がいます。

すぐさま取りかかるべきタスクを前にして、あえて無関係の行動を始めてギリギリまで取り組まずに、やるべきタスクに費やす時間をわざと短くする。そうすれば、もし失敗しても「もっと時間があればできた」という言い訳ができる――。

こうした先延ばしは、まさにセルフ・ハンディキャッピングによるものです。

つまり、セルフ・ハンディキャッピングをしやすい人ほど、先延ばしをしやすい人ということができるのです。

失敗を認めたくないから、失敗して自尊心が傷つくのがイヤだから、わざと先延ばしにして「時間がない」という自分に不利な状況をつくっておく。こうしたセルフ・ハンディキャッピングは、失敗というダメージから自尊心やプライドを守るための〝自己防衛本能〟が引き起こす行動とも言えます。

自尊心が低い人（自分に自信がない人）ほど自尊心が傷つくことを恐れ、プライドが高い人（失敗を認めたくない人）ほどプライドを傷つけられることを嫌がるもの。

そう考えると**自尊心が低い人も、プライドが高い人も、どちらも「失敗を恐れて先延ばししやすいタイプ」と言うことができるでしょう。**

セルフ・ハンディキャッピングによる「失敗したときの言い訳のための先延ばし」がエスカレートすると、最終的に「そのまま取り組まない」という行動に行き着くリスクが高くなります。

つまり、やらずに放り出してしまいかねないということ。なぜなら、「取り組むこと」自体から逃げてしまえば、絶対に失敗することはないからです。

「先延ばしする自分」が許せない人ほど結果が残せない

近年の新たな研究において、先延ばしとセルフ・コンパッションとの関係性が注目されています。セルフ（自分自身の）・コンパッション（思いやり）とは、他人や自分が愛する人を思いやるように「自分自身のことを思いやる」という、アメリカの心理学者クリスティーン・ネフが提唱している考え方です。

セルフ・コンパッションとは、

①自分へのやさしさ　↓　自分自身に対してやさしく接する態度
②人との共通体験　↓　悩みや失敗は誰もが体験するという発想
③マインドフルネス　↓　ネガティブ感情や困難をあるがままに受け入れる態度

という3つの要素で構成されています。

つまりセルフ・コンパッションとは、何かうまくいかないことがあったときに**「大**

丈夫、誰だって同じだよ。こういうことだってある」と自分で自分を励ましてあげましょう、ということなのです。

２０１３年にカナダ・ビショップス大学で行われた調査では、このセルフ・コンパッションのレベルが高い人ほど物事の先延ばしが少ないことがわかっています。

逆に、何かで失敗したときに、「自分は何てダメな人間なんだろう」とか、「私は最低だ」などと**自分を責めたり、自己批判をしがちな人は先延ばしをしやすくなるということです。**

「オレなんてダメ」という自己批判はストレスを生むだけでなく、悪いこと

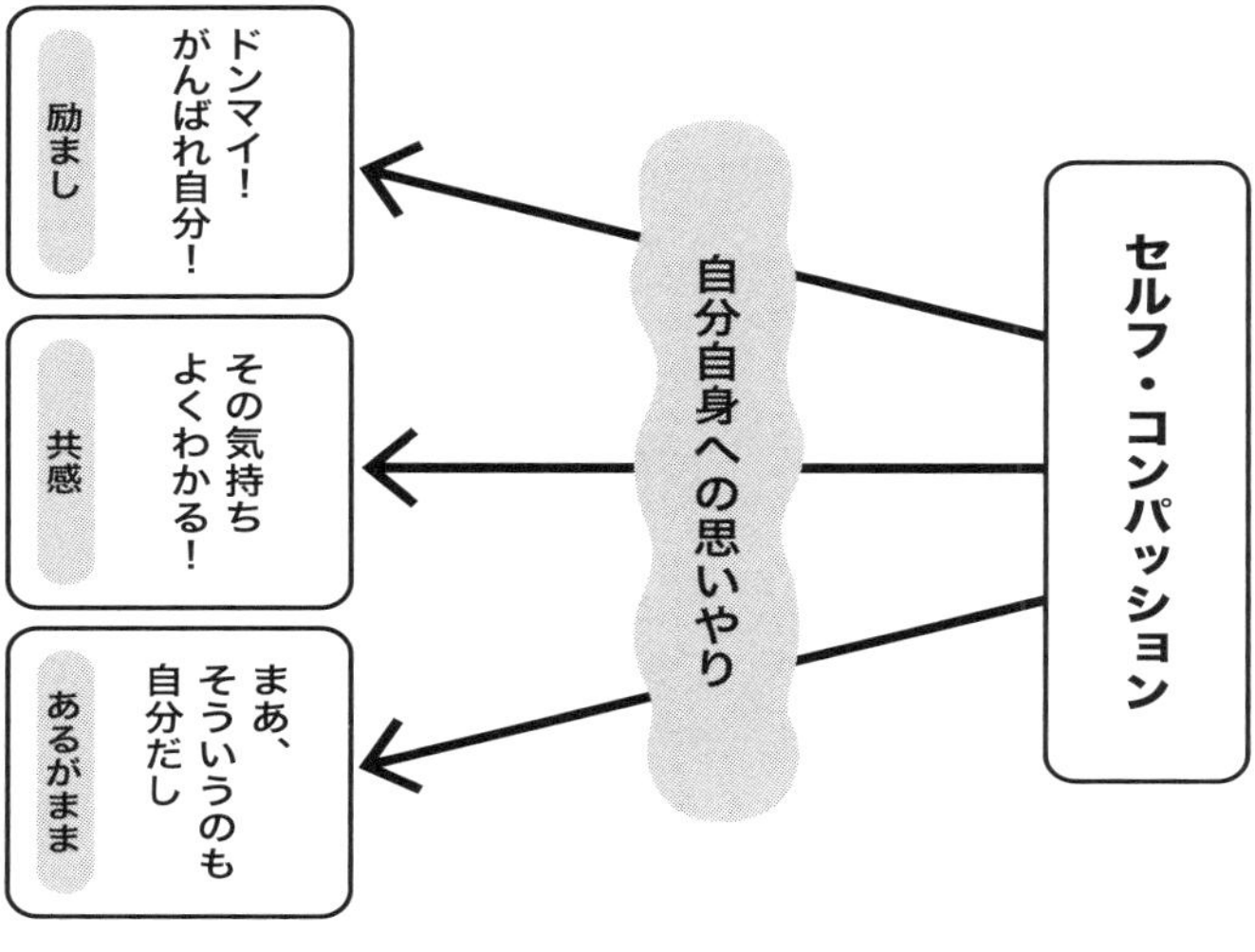
セルフ・コンパッション
自分自身への思いやり
ドンマイ！
がんばれ自分！
励まし
その気持ち
よくわかる！
共感
まあ、
そういうのも
自分だし
あるがまま

ばかり繰り返し考えてしまう「反芻《はんすう》思考」の元凶にもなります。一度先延ばしで失敗したときのネガティブな記憶がずっと再生され続けて、「どうせまた先延ばしするだろう」「やっぱりオレはダメだ」というネガティブなスパイラルに陥ると、自己効力感や自尊心にも悪影響が出て先延ばしのループが発生してしまうのです。

また、よくないことばかり考えていると何もしていないのにグッタリ疲れてしまうように、自己批判をするストレスと反芻思考は脳のリソースを大量に消費します。脳が疲弊す

ることで、ものごとに対する決断力や判断力も低下し、結果的にやるべきことの先延ばしが発生してしまうという弊害もあります。

さらに、セルフ・コンパッションに近い概念としてセルフ・フォーギブネス（自分への許し）という考え方も提唱され始めています。

カールトン大学の研究では、「先延ばしする自分は嫌い」「先延ばししがちな自分を責めてしまう」「先延ばしをする自分にがっかりする」など、自己批判をしてしまう人ほど学業成績が悪く、「先延ばししちゃうことだってあるさ」と考えられる人のほうがテストの成績がよかったといいます。先延ばしを責めて反省している人より、先延ばしした自分を許せる人のほうが脳の活動が活発だったという結果が出たのです。

ありのままの自分自身を認め、先延ばしで失敗した自分を許すことができる。そうした前向きな意識が、「先延ばしの失敗を繰り返さないためにはどうすればいいか」という発想へとつながっていくのでしょう。

妥協も必要。完璧主義ではなく「完了主義」で

一般的に、完璧主義の人ほど先延ばしをしやすいと考えられています。何事も最初から完璧を求めてしまう、自分に課す達成基準が高すぎるため、それに届かない結果になるのが怖くて下手に手をつけられないというのがその理由です。

完璧主義と先延ばしの関係にもセルフ・コンパッション（あるがままの自分を受け入れる）が影響していると考えることができます。

完璧主義者には、完璧を目指すけれど「とはいえ、8割ぐらいの成果で終えられればOK」と考える人と、準備段階から100％完璧以外は認めない人という2つのタイプがあります。

前者は、取り組んだ後の所々の失敗は織り込み済みのため、あまりセルフ・コンパッションが下がらず、先延ばし行動も起こりにくくなります。

しかし、後者のような〝完璧なる完璧主義〟は「完璧にできなければ自分を責める」傾向が強く、セルフ・コンパッションが低くなりがち。それが先延ばし行動につながっ

てしまうのです。

そもそも完璧に準備ができてからスタートできるタスクなどありません。もしできたとしても、完璧を期するために貴重な時間を大きくロスしてしまいます。これでは意味がありませんよね。

完璧を目指すこと自体はいいのですが、それが強迫的な考えになってしまうと効果はマイナスです。そのためにも**タスクに取り組む際には、完璧主義ではなく〝完了主義〟になるべき**でしょう。

10割でなくていいから8割の完了を目指す。完璧でなくていいから2

…どうしたの？
もうみんな
ゴールしたよ？
いや、まだ自分
スタートの準備が
完璧じゃ
ないっスから

割ずつ片づけていく。高いクオリティを目指しながら自分に妥協もできることが重要です。妥協できずに始められないのではなく、妥協してでも終わらせる。これもセルフ・コンパッションを高めて先延ばしを防ぐ心がけのひとつなのです。

DO IT NOW

メンタル・ブレーキ③

作業をやるメリットが低く、今やる必要を感じないとき

「すぐやる理由」がないから先延ばししたくなる

３つめのブレーキは、目の前のするべきこと（タスク）に対して価値が見出せない「今やる必要があるのか」という心理です。

明日でいいことは今日しなくてもいい。今すぐやってもメリットがないことはあとでいい。それが人間というものです。

例えば、直接営業成績に結びつく「新企画の提案書」ならすぐに取りかかるけれど、

2〜3日遅れても問題ない「経費の精算」は後回しになる、というように「やらなければならない明確な理由」や「すぐに得られるフィードバック」がないと、人はなかなかやる気になりません。

また、「誰でもできること」か「自分しかできないこと」か、というのもタスクの価値のひとつになります。

自分以外の人にもできるタスクなら「オレがやらなくても大丈夫じゃない？」と思うかもしれません。「オレがやらなかったら誰かやってくれるかも」と考えるかもしれません。

いずれにせよ自分にとって、やるべきことの価値が低いと感じられるために「あとでいいでしょ」となりがちなのです。

ところが、そのやるべきことが「自分しかできない」「自分の専門分野」であれば、「オレ以外に誰ができる？」「放っておいたらずっとこのまま」という意識が働くはず。こうした場合、その人にとってのタスクの価値は高くなります。そのため「じゃあ、オレがやらなきゃ」という気持ちになりやすいのです。

そのタスクに「すぐやるべき価値」がない。先延ばしを生じさせる大きな原因のひとつはそこにあります。

タスクの価値は状況によって変わる

英語の勉強を例にとりましょう。

これからの時代、英語力は必要不可欠なスキルで、英語を話せるようになれば自分の可能性はもっと広がる——そんなことは誰もがわかっているはず。

でも、だからといって、すぐに英語の勉強を始めよう、明日から英会話を学ぼうと、実際に行動を起こすまでに至らない人も大勢います。

それはなぜか。今すぐに英語力が必要というわけではないからです。今すぐ可能性が広がらなくても困らないからです。その人にとって英語の勉強とは「いずれ必要とは思うけれど、今すぐ始めなければいけないほどではない」タスク、すぐやるべき価値がさほど高くないタスクなのです。

もしこれが「2カ月後から海外支社に転勤」などとなれば、状況は一変します。今すぐに勉強を始めなければ仕事や日常生活に大きな支障が出るわけですから。当然、英語の勉強というタスクの価値も一気に上昇しています。そういう人は、何をおいてもすぐに英語の勉強を始めるはずです。

また、海外旅行先で言葉が通じずに悔しい思いをしたために、「日本に帰ったら絶対に英会話教室に通おう」と心に誓った経験のある人も少なくないと思います。

その瞬間、英語の勉強というタス

〈After〉
英会話の価値
〈Before〉
ま…今じゃ
なくてもいっか…
モグ
モグ
なんでやねん！
?
アセ
アセ
ヤバい
英会話
習わなきゃ

クの価値が上昇しているため、「すぐ習いたい」という気持ちがグングン高まっているわけです。

ところが日本に戻ってしばらくすると、「いずれそのうち」と先延ばししてしまうケースも多いはず。なぜなら、日本では英語が話せなくても日常生活にほぼ支障がないから。海外にいたときと比べて、一気にタスクの価値が下がったために、「あとで」になってしまったのです。

このようにタスクの価値は状況によって変わります。自分ひとりなら散らかっていても平気だからつい先延ばしにしている部屋の片づけも、これから彼女が来るとなったら猛ダッシュでできるのと同じです。

さらにタスクの価値を変化させる大きな要素となるのが「時間」です。

簡単に言えば、「時間が迫るとタスクの価値が上がる」ということ。

仕事や勉強の提出物でも、締め切りまで1カ月と言われると「まだまだ余裕」と思うけれど、明日が締め切りと言われると「すぐやらなきゃ」となるでしょう。

ある研究では、3カ月後にもらう100ドルと、今この瞬間にもらう83ドルは同じ価値だと感じる人が多いことがわかっています。つまり、3カ月という時間が、お金の価値を17ドル分下げているということ。

来年の夏休みの予定より、今週末の予定のほうが重要だと思うのと同じです。

このように、人の心理はすぐに得られるものに大きな価値を感じ、得られるまでの時間が長くなるほど、その価値を小さく評価するようにできています。こうした心理傾向は

よろしくブラザー！
俺ら同じ価値だぜ！
あわわわ…
時間
83ドル
100ドル

「遅延価値割引」と呼ばれます。

先の英語の例も同様。「2カ月後に海外転勤」だと「やばい、全然時間がない」と思って英語の勉強の価値が上がります。

しかし、「2年後には海外に行ってもらう」レベルの話なら「そう慌てることはない」と安心して、「英語はしばらくしてから」となる確率が高くなります。まだ先の話ゆえにタスクの価値が低くなったわけです。

このようにやるべきタスクの価値が上がるとメンタル・ブレーキが外れてすぐに行動でき、価値が下がるとメンタル・ブレーキがかかって先

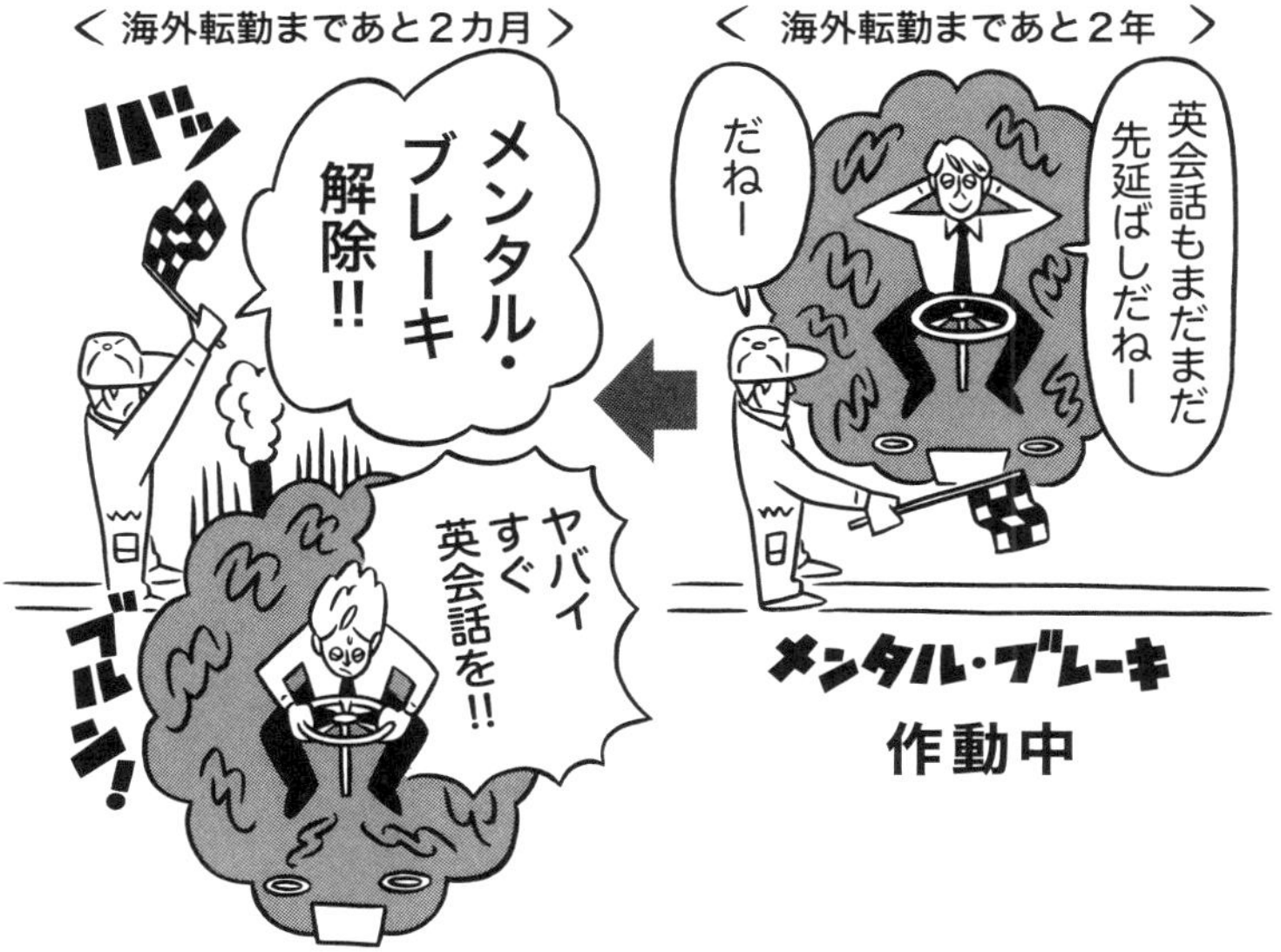
＜海外転勤まであと2年＞
英会話もまだまだ先延ばしだねー
だねー
メンタル・ブレーキ作動中
＜海外転勤まであと2カ月＞
メンタル・ブレーキ解除!!
ヤバイすぐ英会話を!!
バッ
ブルルン!

延ばししてしまう。

その状況下で**自分にとってのタスクの必要性、やらなければいけない理由＝価値が「すぐやるか、あとにするか」に大きく影響しているのです。**

第3章

だからうまくいく「すぐやる人」が手にする5つのメリット

「あとで」をやめれば人生が変わる「すぐに」やれば人生うまくいく

この章では「やるべきことをすぐにやる」ことで、手に入れられる人生におけるメリットについて解説していきます。

そもそも「すぐやる人」が人生で成功する可能性が高くなるのはなぜか。

それは先延ばしというマイナス習慣に身を染めていないために、そこから生まれるデメリットにさらされるリスクが圧倒的に少ないからです。

そこで、ここからは「すぐやるメリット」を検証しながら、同時に「先延ばしするデメリット」もお伝えしていきたいと思います。

検証するのは次の5つのメリットです。

その① すぐやれば脳が活性化する
その② すぐやれば仕事がうまくいく
その③ すぐやれば人間関係がうまくいく
その④ すぐやれば長生きできる
その⑤ すぐやればお金が貯まる

「すぐやる人」と「先延ばしする人」は表と裏の関係であり、「どちらでもない」というスタンスが存在しません。つまり、**先延ばしグセを克服できれば、その瞬間からあなたは「すぐやる人」になっているはずです。**

悪しき習慣を克服した先にどんないいことが待っているのか。次ページ以降で説明していきましょう。

DO IT NOW

メリット①

すぐやれば、脳が活性化する

脳は「いくつも同時」にやるより「ひとつずつ集中」が得意

先延ばし克服のために知っておきたい、人間の脳の処理能力に関する特性があります。**そのポイントとなるのは、「マルチタスク」と「シングルタスク（モノタスク）」です。**

マルチタスクとは「AとBの両方に同時に取り組む」、つまり複数の作業を同時進行で処理していくことです。

一方、シングルタスクは「Aが終わってから、Bに取りかかる」、複数の作業をひとつずつ順番に完了させていく処理方法です。

企画案を考えながら部下に指示を出し、その間に伝票処理をする。電話で話をしながらメールやインターネットをチェックする。歩きながらスマホを操作する。あれもやらなきゃ、これもやらなきゃ――情報過多の現代社会では、私たちの脳は同時に複数の作業に臨む機会が多くなっています。

人間の脳は優秀だからマルチタスクもテキパキ処理できるでしょ――

と言いたいところなのですが、実はそうではありません。

むしろ逆で、**私たちの脳は「ひとつ以上の作業を同時に処理する」マルチタスクが苦手です**。

複数の作業を同時にこなしているように見えても、実際には処理する作業をその都度その都度、瞬間的に切り替えているにすぎません。ひとつの作業に少し集中しては、すぐに切り替えて別のタスクを処理する。シングルタスクを高速で切り替えているだけなのです。

あっちをやって、こっちもやって、次はそっちもやって――こうした**作業の切り替え頻度が高くなればなるほど、脳への負担が増えるのは当然のこと**。脳が疲れてくれば効率も生産性も大きく下がってしまいます。

脳は「いくつも同時にこなす」より、「ひとつひとつに集中する」ほうが得意。ですから、ものごとにはマルチタスクよりもシングルタスクで取り組むほうが脳への負担も少なく、脳の本来の能力を発揮することができます。

先延ばししたことが「気がかり」になって脳に負担をかける

終業時刻間近のオフィス。

目の前に、締め切りが近い〝やりかけの仕事〟がある。

毎日忙しいんだから、早めに仕上げておいたほうがいいに決まっている。

今のうちに残業してやっておけば、あとが楽なのはわかってる。

でも——。

まあ、今日はもういいか。締め切りといってもまだ時間はある。

今日すべてやらなくたって、明日で大丈夫、大丈夫。

よし、決めた。今夜はパーッと飲みに行っちゃおう。録画した映画でも見ながら家で一杯やるのもいいな——。


ビジネスパーソンならば誰でも経験があるであろう、日常で起こり得る先延ばしシチュエーションの王道です。そして、こうして先延ばしをした際、同時にもうひとつ、誰もがこんな感覚を経験しているはず。

「とは言ったものの、気持ちがスッキリできない」

「何だか、心から楽しめない」

あとにしようと決めたのに、どこか〝心ここにあらず〟な感じ。「本当は、やらなきゃマズいんだよな」というモヤモヤ感が残って、飲みに行ってもイマイチ盛り上がれない、映画を見てもあまりストーリーが頭に入ってこない——。

なぜそんな感覚が生じるのでしょうか。

実はそれは、人が「やり遂げたタスクよりも、未完のタスクのほうをより強く覚えている」からです。こうした心理傾向は旧ソ連の心理学者ブルーマ・ツァイガルニクによって実証されており、その名を取って「ツァイガルニク効果」と呼ばれています。

両想いでつき合った恋よりも、成就しなかった恋のほうがより鮮明に思い出される。うまくできたことより、ミスしたときのことのほうをよく覚えている。みなさんも思い当たる節《ふし》があるでしょう。

そして、やりかけの仕事を先延ばしにしていると、他のことをして遊んでいても集中して楽しめないという状況にもツァイガルニク効果が大きく影響しています。

未完のAを先延ばしにしてBをやるとき、未完のAが「気がかり」という記憶になって脳の片隅にずっと残ってしまいます。

すると自分ではBだけに集中しているシングルタスクだと思っていても、脳は無意識のうちにAとBの両方に同時に向き合うことになります。つまり苦手なマルチタスクにな

〈無意識〉
早く処理しろよおおお!!
Ⓐの案件どーなったぁ!?
あわわ…
Ⓑについてはこーでこーであーして…
Ⓑの会議
脳の片隅イメージ

らざるを得なくなってしまう。結果として、脳に負担がかかるということです。

逆に言えば、目の前のタスクをとっととやってしまえば、心に引きずる気がかりもなくなるため、脳のマルチタスク化を回避できます。

「先延ばしせず、すぐ動く」ということは、脳の負担を軽減し、活性化させることになるのです。

DO IT NOW

メリット②

すぐやれば、仕事がうまくいく

「すぐやる人」は脳に負担をかけずに、仕事がデキる人

やるべきことを先延ばしにして、その〝気がかり〟が夏休みの宿題のように頭の片隅に残っている。この状態が脳をマルチタスクにしてしまうことは解説したとおりです。

この無意識のマルチタスク状態が困るのは、知らず知らずのうちに脳に負担をかけ

てしまうことにあります。これがボディブローのようにじわじわと効いてきて、脳は次第に〝慢性的に疲れが取れない状態〟になってしまうのです。

するとどういう弊害が起こるか。

まず挙げられるのは集中力の低下です。

常に複数の気がかりを抱えているため注意力が分散して、目の前のことに集中できなくなるのは当然でしょう。

また、集中力が低下することで、**状況変化に適応する柔軟性も低下することがわかっています**。心ここにあらず状態で歩いていると、突然目の前に人がヌッと現れたとき、咄嗟《とっさ》に避けることができませんよね。それと同じこと。集中力が低下すると、仕事で思わぬトラブルが発生したときなどに的確な判断が下せなくなります。

脳に巣くった気がかりが脳を疲弊させてしまい、いざというときに脳が必要な能力を発揮することができません。

また、**脳がタスクの切り替えを頻繁に行っているときほど記憶力や理解能力も低下**しています。

脳の前頭葉には動作や思考を行うときに必要な情報を一時的に保存・処理する「ワーキングメモリー」と呼ばれる機能があります。この機能は日常の会話や読み書き、計算といったさまざまな判断や行動に直結しています。

ところが、やるべきことを先延ばしすると、そのことが気がかりで脳がマルチタスクになり、前頭葉にストレスがかかるため、ワーキングメモリーの処理能力が低下、計算や理解、会話、記憶といった認知能力も低下してしまうのです。

先延ばししてしまったことが気になると

- **約束の時間を忘れたり間違えたりする**
- **人の話が耳に入ってこない**
- **簡単な計算を間違える**

仕事に集中できず、思うように成果も上がらないということにもなりかねません。

さらにマルチタスクによる脳へのストレスが高じると、前頭葉や扁桃体《へんとうたい》、灰白質といった脳の部位に萎縮が発生するリスクも高まります。つまり、先延ばしが慢性化すると、脳の機能そのものが低下する恐れがあるのです。

この他にも、**やるべきタスクを先延ばしにすることは脳がマルチタスク状態になり、人は他者からの要求に屈しやすくなる**、つまり他者との交渉に負けやすくなることがわかっています。

逆に言えば、**すぐやることで、脳はその力をフルに発揮できるのです。**

また、**脇目も振らず、寝食も忘れるほど、今やっていることにのめり込んでいることを「フロー」状態と言います。**

仕事に集中しすぎて、ふと気がついたら「もうこんな時間か」という状態のこと。いい仕事ができているときは、こうした超・集中状態があるものです。しかし先延ばししたことの気がかりが、のどの奥に刺さった魚の小骨のように脳の片隅に残っていると、いくら集中しようとしてもフロー状態には入れません。

先延ばしせずにすぐに動いてタスクを済ませてしまうことが習慣になっている人は、普段から脳に余計な気がかりが残りません。当然、脳にかかる負担も少なくなるので、**目の前のことに対する集中力もアップします**。ワーキングメモリーの処理能力も活発になって理解能力もアップし、〝頭が冴えた状態、頭がキレる人になれる、短い時間で、よりよい仕事を生み出すことができます。

またこの状態のときは周りからの影響に左右されにくくなるため自分のペースを保って作業に取り組むことが可能になります。

すぐやる人は「脳にやさしい人」だということ。

つまり、**テキパキと仕事をこなせる〝デキる人〟になれるのです**。

すぐやる人は、挑戦できるチャンスが増える

本書の冒頭『はじめに』で、人は平均で1日2時間、先延ばしで時間をムダにしているというデータを紹介しました。そこからもわかるように、先延ばしの大きなデメリットのひとつは時間のムダ遣い、時間的余裕のなさにあります。

ビジネスはトライアル・アンド・エラーによって成長していくもの。そして時間的余裕があるかないかは、この「トライできる回数」の違いに大きく影響します。**単純に、最初の行動を早くすればするほどトライする機会や回数が増えます**。そして、もしトライが失敗だったとしても、それを取り戻す方法をいくらでも講じることが可能になります。

早い段階で、Aという方法は間違っている、Aではうまくいかないことがわかれば、すぐに「じゃあ、Bにしてみよう」という再トライができます。しかも時間に余裕があればCでも、Dでもチャレンジできます。

当然、成果を残せる確率もアップします。**すぐやる人は、仕事上で挑戦できるチャ**

ンス、たとえ失敗しても、それを取り戻すチャンスが多く得られることになるのです。

ところが、作業を先延ばしにして時間がギリギリになり、結局Aしか試すことができなかったら——。万が一、Aで失敗すると、もう再チャレンジする時間がありません。そんな〝綱渡り〟のような仕事になる可能性が高くなり、大きなミスにもつながりかねません。

結局、目の前のタスクや作業を先延ばししたところで、やるべきことが消えてなくなるわけではありません。ただ、「今、この瞬間だけ」見

すぐやれば
BもCもDも
チャンスが
来るぞ!!
Bプランじゃ
ダメだったよ…
どうしよ…

なかったことにしているだけ。本当にやるべきことならば、いつかは手をつけなければならないのです。

それなら先延ばしにしてギリギリの一発勝負より、すぐ取り組んで何度もチャレンジしながらタスクを精査していくほうが確実にクオリティの高い仕事になります。

すぐやることは、**トライアル・アンド・エラーの時間を増やすという、ビジネスにおけるタイムマネジメントの基本でもあるのです。**

「あとで」がもたらすキャリアや仕事をなくすリスク

アイルランドのダブリン市立大学のMSC組織心理学ディレクターであるイスルト・フリーニー博士が「企業のためのチームづくり」について研究した結果、チーム内で業務の先延ばしが原因となって発生するメンバー同士の衝突が、企業を脅かす大きな原因のひとつになっていることがわかりました。

簡単に言えば**「誰かが先延ばしにすることで仕事が進まず、それが原因で他のメン**

バーとの関係がギクシャクすることが、その組織をダメにする」ということ。

自分ひとりだけで動いている仕事はほとんどありません。自分の仕事は、何らかの形で必ず他の誰かの仕事に影響を与えています。自分が「つい」軽い気持ちで先延ばしをしたことが、ほかの人の仕事を滞らせている。そのことがチームの雰囲気を悪くする。それが組織全体、会社全体のダメージにつながってしまう。ひとりの先延ばしが全体にマイナス効果を及ぼすリスクがあるということです。

やるべき仕事の先延ばしが他人に迷惑をかけることになる。このことを自覚できない、自覚できても修正できない。そういう人に会社や組織は「重要な仕事を任せてみよう」などと考えるでしょうか。そうは思えませんよね。

前出のイスルト・フリーニー博士も、「マネージャーは、そうした人（先延ばし常習者）に敏感で時間に厳しい仕事を割り当てる可能性は低い」と述べています。

つまり、**仕事における先延ばしの常習は、信用をなくすことにつながる確率がとても高い**のです。当然、その人の**キャリアにもマイナスの影響が出てくるでしょう。**

さらに**先延ばしグセには「周囲に伝染する」という厄介な特徴がある**とされています。

組織やチームのなかで誰かが先延ばし行動をとると、周囲の人たちも同じように先延ばしする傾向が強くなるということです。

チーム全体で課題に取り組んでいるとき、誰かひとりが、「これあとでもいいよね」「今日はもうやめて、明日にしようよ」などと言い出す。

みんなで「さあ、取りかかろう」となったときに、誰かが、「その前に、お茶しない？」「メールしてからでいい？」などと言い出す。

今日はもうやめよー!!
メールしてからやろうかなー
ガブー
うーん…やることあるけど明日でいいかー
お茶にしよー
先延ばし伝染中

すると、なんとなくほかの人も「そうだね」「そうしようか」となって、先延ばし行動に同調してしまう。そんな経験、ありませんか。

「腐ったミカンの方程式（箱のなかに腐ったミカンがひとつあると、ほかのミカンも腐ってしまう）」ではありませんが、先延ばしグセは周囲に伝染します。

こうしたことが日常化してしまうと、組織の仕事が遅れたり、業務が滞ったりするなど全体の生産性にも大きな影響が出てくる可能性があります。

カルガリー大学による調査では、職場における先延ばし常習者のキャリアは、給料が下がる、正社員から契約社員といった不本意な雇用形態の変更、さらには失業、失職といった可能性が高くなるという結果が報告されています。

だからこそ、仕事ではとくに「すぐやる」習慣が重要になります。**先延ばしばかりしている人は仕事ができないどころか、「仕事を失う」リスクもあるからです。**

DO IT NOW

メリット③

すぐやれば、人間関係がうまくいく

「すぐやる人」は、人の気持ちがわかる人になれる

実は、脳が先延ばしせず、**目の前のことにすぐに取り組んでいるとき、その人の人間関係が良好になることがわかっています**。これは「すぐやる」ことによる時間的余裕の確保が大きく影響していると思われます。

自分が自由にできる時間、仕事やその他の日常のしがらみから解放されて、自分のことだけを考える時間をしっかり確保することで、人は共感能力が高くなると言われ

ています。

よく自分を見つめ直すことを「内省」と言いますが、人は内省することで、感情の機微に敏感になります。共感能力が高く、他人の感情に寄り添い、理解する能力が高まるために、「人の気持ちがわかる人」になれるのです。

先延ばしの気がかりをつくらずに、やるべきタスクをさっさと終わらせる「すぐやる人」には当然、時間の余裕ができますから、そうした内省の時間を持てます。そのため、**共感能力が上がって人間関係もよくなると言えるわけです。**

逆に、先延ばしで脳がマルチタスクになっていると、時間的にも心理的にも余裕がない状態がずっと続くことになります。

約束がダメになったり、ギリギリになってしまって信頼を失うことにもなりかねません。そうなると共感能力は低下して、「他人のことより自分のこと」という発想が生まれやすくなります。

先延ばしにして、慌ててタスクを処理する状況が続けば、他人の感情理解などに意識を回せなくなり、**結果、周囲との人間関係にも支障をきたすリスクが高くなってしまうのです。**

「すぐやる人」は、出会いを縁に変えられる

私はメンタリストとして本格的に活動をし始めた頃、できるだけパーティとか異業種交流会などに参加することで、さまざまな業界の方との人脈をつくる努力をしました。みなさんの中にも、そうした集まりに積極的に参加されている人がいるかと思います。

ただ、そうしたパーティで会った人の多くは、その場での挨拶と名刺交換、メルアドやライン交換くらいで終わってしまうもの。

「また、近々、メールします」
「そのうち、折を見て電話します」

「今度、メシでも行きましょう」
「いつか、一緒に仕事をしましょう」

などとその場では話しても、すべてを「今度でいいか」と先延ばしして、結局は連絡も取らずじまい。「今度とオバケは出たためしがない」の例えどおり、あとに交流が続いたり、一緒に仕事をしたりするまでに至るケースはあまり多くないのではないでしょうか。

それではせっかく〝縁〟があっても、それを活かすことができません。

しかしなかには、こうしたパーティや交流会でしっかりと人脈をつくり、それをビジネスに活かして成功している人たちもいます。その差が「今度にする」か「すぐやる」かの違いにあるのです。

自分の話で申し訳ないのですが、以前、あるパーティで出会ったファッション業界の方と会話も盛り上がり、「今度ぜひ」という話になりました。

そこで私はパーティが終わった帰り道ですぐ、「ぜひ、一緒に何かをやりましょう。

ついては、いついつ頃にお時間ありませんか？」というメールを入れました。

その段階では、メンタリズムや心理学とファッションをどう結びつけるのか、両者のコラボから何が生まれるのか、そんなことなど一切考えていません。でも、とにかく具体的なアポイントを〝すぐ〟に取ってしまったのです。

残念ながら、そのときは折り合いがつかず、ビジネスとしては成立しなかったのですが、その人とは、そのあともいい相談相手として関係が続いています。

バシーン
アポ
すぐアポ取ったー!!
これは
ファインプレー!!

「今度」とか「いずれまた」「そのうち」ではなく、とにかくすぐに連絡をとってみる。すぐに一度会ってみる。ダメだったらダメで別にかまいません。仕事にならならなかったで、今回はタイミングが合わなかったと思えばいい。これこそ、トライアル・アンド・エラーなのですから。

まずは「すぐに」行動してみる。考えるのはそれからでいい。腰を上げて行動することで、初めて縁ができ、関係性がスタートするのです。

すぐやる人は「人との縁を大事にする人」であり、「人とつながるチャンスが多い人」でもあるのです。

DO IT NOW

メリット④

すぐやれば、長生きできる

先延ばしばかりしていると、「早死に」するという衝撃

先延ばしによる見えないストレスが体にどれだけダメージを与えているかは、医学的研究によって解明されています。

そして恐ろしいことに、このストレスを放置して、**先延ばしばかりしていると、将来的に、その人の生命をも脅かすほどに危険だということがわかっています。**

それはどういうことなのか、簡単に説明しましょう。

私たちの脳には「扁桃体」というストレス耐性に関わる重要な部位があるのですが、先延ばしのストレスが高まりすぎると、この扁桃体がパニックを起こしてしまうのです。

そこで扁桃体は、そのストレスを抑制するために働きだし、最終的に副腎からコルチゾールというストレス抑制ホルモンを分泌させます。

このコルチゾール、短期的であればストレスの抑制に働くのですが、長期的・断続的に分泌され続けると次第に甲状腺に影響を与え始め、心拍数や代謝を急激にアップさせてしまうんです。そのため心臓への負担

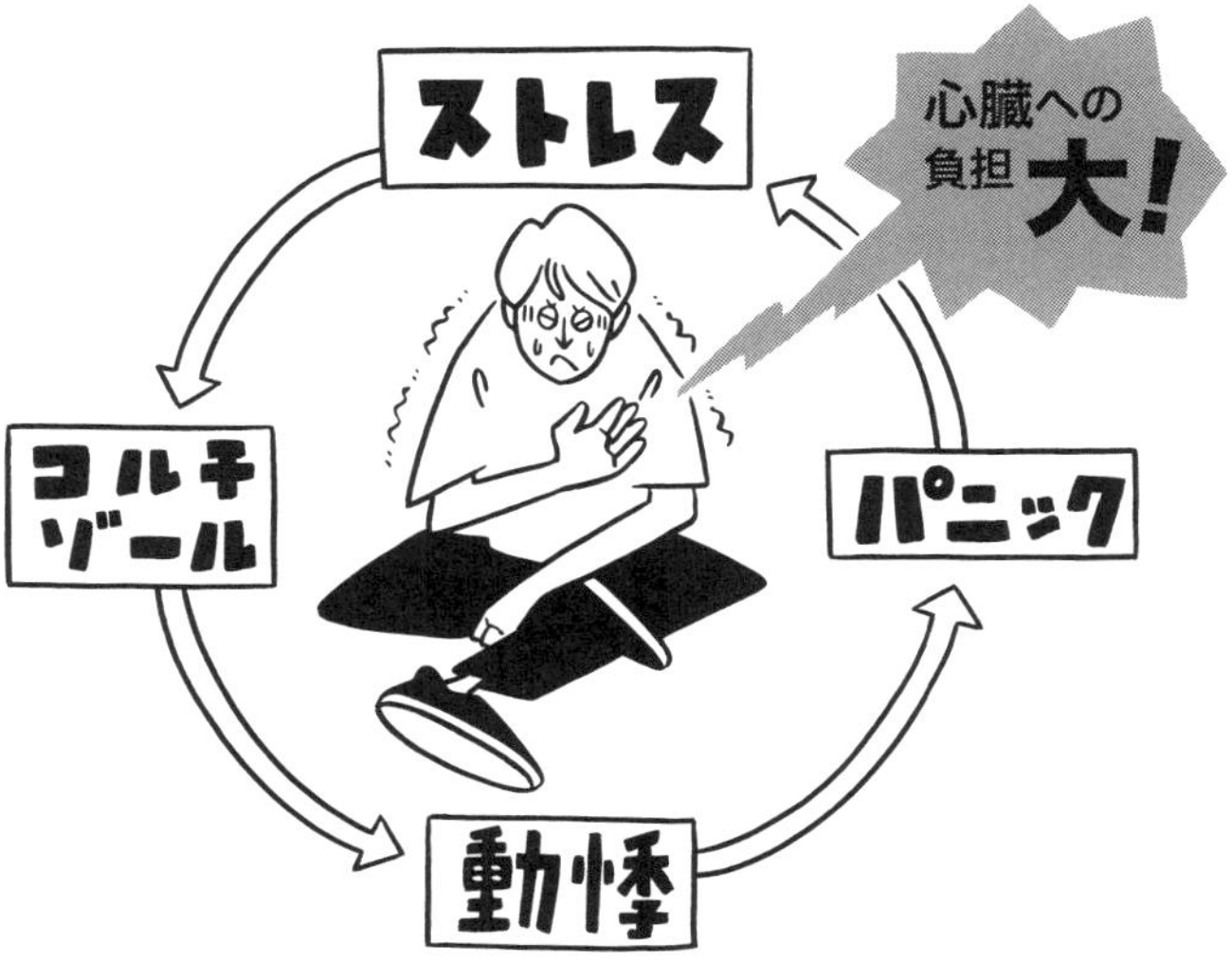

が大きくなって、むやみに動悸《どうき》が激しくなるといった弊害が生まれてきます。

人によってはそのことが原因で自分の体に不安を覚え、かえってストレスが高まってしまうことも。その場合、そのストレスによって扁桃体が再びパニックを起こしてしまう恐れがあります。

つまり、ストレスを解消するためにコルチゾールが分泌され、その影響でまたストレスが増し、それを抑えるためにまたコルチゾールが分泌される——体がこうした悪循環に陥ってしまうのです。


この悪循環が恐ろしいのは、常にコルチゾールが分泌されている状態が続くために、体がコルチゾールに慣れてしまうという点にあります。慣れるとは、大量に分泌されてもストレス抑制作用に反応しなくなり、コルチゾールが効かなくなるということです。

実は、コルチゾールにはもうひとつ「白血球の働きを制御する」という重要な働きがあります。白血球は体内に侵入してきた外敵を退治しますが、これが暴走すると本来必要な細胞まで破壊してしまいます。その暴走を食い止めているのがコルチゾールなのです。

しかし、コルチゾールに慣れて反応しなくなっている体内では、正常に作用しません。白血球が必要な細胞を傷つけてもそれを抑制できず、体内組織が慢性炎症にさらされるリスクが跳ね上がってしまいます。

さらに、コルチゾール本来の効果が上がらなければ、当然、脳はもっとたくさん分泌し

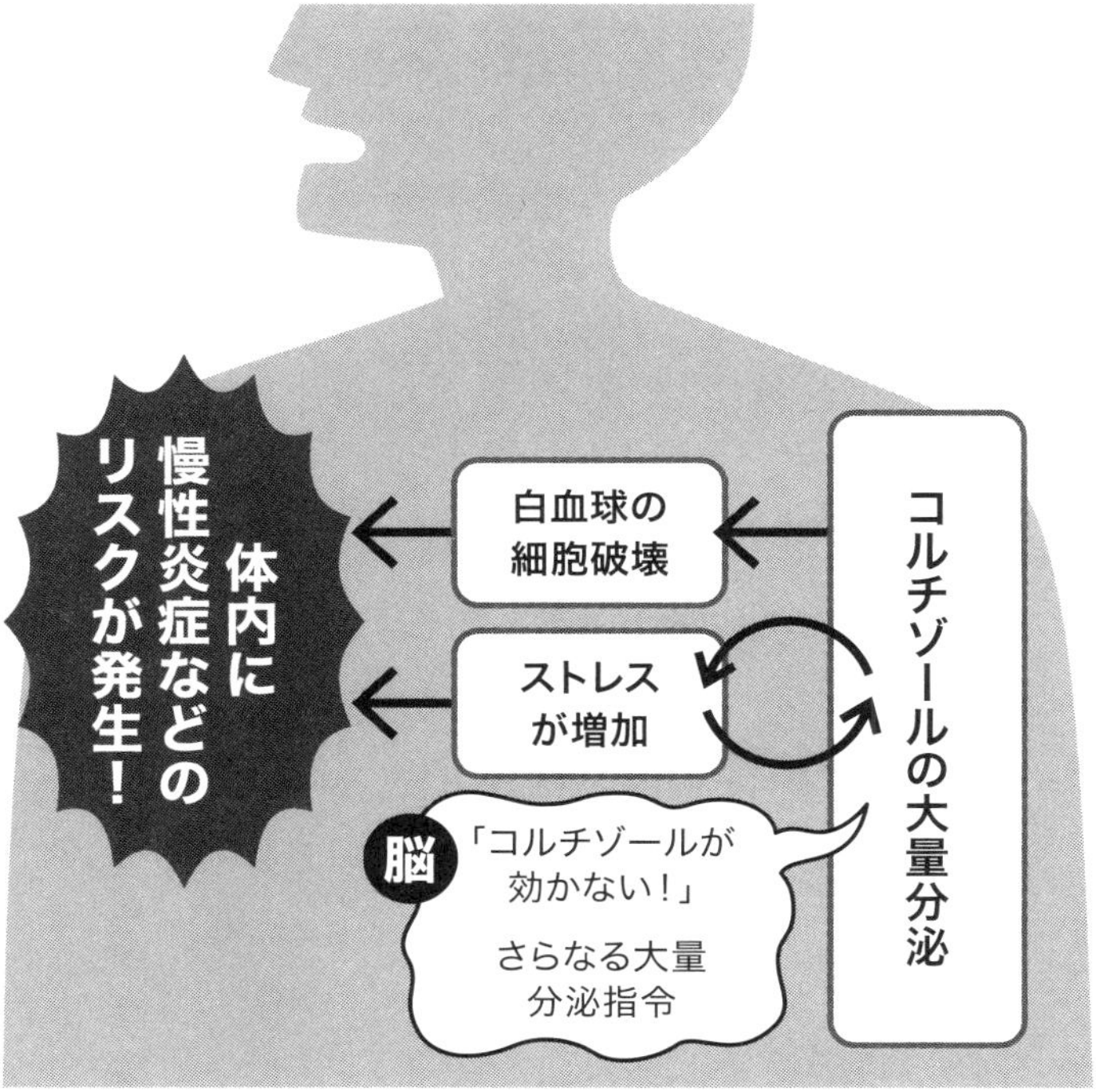

ようとします。コルチゾールを生成するためのエネルギー（脂肪）は、副腎に近い肝臓に貯蔵されるため、大量のコルチゾールが必要になると、肝臓は脂肪であふれて、いわゆる「脂肪肝」の状態になってしまい、健康リスクがさらに増大することになるのです。

ストレスの積み重ねがホルモンの正常な働きを阻害し、心臓への

負担が増加する。さらに白血球の暴走を招いて慢性炎症を引き起こし、内臓脂肪も増えて死亡率が高まる――。

「あとで」程度のことで、と思うかもしれません。しかし目の前の仕事や作業をダラダラと**先延ばしにしてばかりいる人の脳は、想像以上の慢性的なストレスにさらされています**。

先延ばしばかりしていると早死にする――

これは決して大袈裟な表現ではないんですね。**やるべきことを「すぐやる」習慣は、あなたの命を、健康を守る習慣でもあるのです**。

MensHealth.comというサイトに『仕事の先延ばしで死ぬ理由』という動画がアップされています。英語表記のサイトですが、先延ばしのストレスと体へのダメージの関係がわかりやすく説明されているので、チェックしてみてください。

「まだ大丈夫」という楽観的な先延ばしが健康リスクに

先延ばしばかりしていると早死にする——これが医学的根拠に基づいていることは今、述べたとおりです。

もちろん、今日明日の先延ばしですぐに命を落とすということではありませんが、**先延ばしという行動は間違いなく健康にマイナスの影響を及ぼしています。**

例えば、作業をダラダラと先延ばしにするクセがある人は、すぐやる人に比べて心臓病になる可能性が高いという説があります。

カナダのビショップス大学が高血圧などの心疾患患者と健康体の人を対象にして、そのパーソナリティを調べるテストを行ったところ、心臓が悪い人のほうが、健康な人よりも「『この作業は明日やろう』と思うことが多い」という質問に「はい」と答える確率が高かったのです。

統計的な調査なので、先延ばしグセと心臓疾患の直接的な因果関係までは言及されていないのですが、何事においても先延ばしをしてしまう人は、健康を考えた生活習慣をも〝先延ばし〟してしまう傾向が強いという推察もできます。

このように、健康のために好ましい生活、病気を遠ざける暮らしを継続できないことも、先延ばしグセが健康を損なう理由になります。

例えば糖尿病や高血圧、メタボリックシンドロームをはじめとする脂質異常症に代表される生活習慣病は、その名のとおり、食べすぎや運動不足といった生活習慣に発症の主

な原因があります。減量しようと決意してもつい食べてしまう、適度な運動をしようと決めても面倒で続かない――将来的に体に悪いと知りながら、目先の快楽に負けて、やるべき試練を避けて、生活習慣を変えることを〝先延ばし〟するクセが、健康リスクを高めるであろうことは想像に難くありません。

食べすぎや運動不足だけではありません。

●タバコは健康によくないから禁煙しようと思いつつ、つい吸ってしまう
●週に2日は休肝日をつくろうと思いつつ、仕事のあとの一杯の美味さや仲間の誘いに抗えず、「休肝日は来週から」と先延ばしする
●夜の歯磨きを「面倒だから今夜はいいや。朝磨こう」と先延ばしする

健康的なライフスタイルへのシフトチェンジには、ことごとく先延ばしグセがついて回るものです。

2章でも解説した衝動性（将来の価値よりも目先の価値を重視する、先々の成果のために今の誘惑をガマンできない）によって先延ばしを抑えられず、結果として将来的な健康リスクを高める要因になるのです。

また、衝動性が高くて先延ばしグセが強い人は総じて、発症していないうちに検査や治療を受けておく「予防」も大の苦手です。

つまり、**健康診断や検査、予防治療など、疾患を事前に防ぐための行動も先延ばしする傾向が強くなるということ。**

「今年こそ人間ドックを受けよう」

「がん検診に申し込もう」

――そう思っても、「まだ何ともないから大丈夫」「時間が取れない」といった理由を持ち出しては「また今度」と先延ばしする。見つかる病気も見つかりにくいのは言うまでもなく、「どうしてもっと早く――」と言われて取り返しのつかない後悔をする。珍しい話ではありません。

こうした「まだ大丈夫」という**楽観的な先延ばしもまた、健康を損なう大きなリスクになるのです。**

DO IT NOW

メリット⑤

すぐやれば、お金が貯まる

「すぐやる人」は、将来的にお金に困らない

お金を貯めなきゃ。お金を貯めよう。来週から貯めよう。来月から貯めよう。そのうち貯めよう。いつか貯めよう――ああ、全然お金が貯まらない。

頑固で慢性的な先延ばしは「貯金ができない、お金が貯まらない」というデメリットももたらします。ここでも大きく影響してくるのは先延ばし最大の要因である「衝動性の高さ」です。

そもそも貯金とは、先々の生活や先々の出費のために、普段から出費を抑えてコツコツと積み立てていくこと。将来のために目先の楽しみをガマンできない衝動性の高い人にとっては何よりも難しい行為でしょう。

いざ、まとまったお金が必要になったときに困る、歳を取ってから暮らしが苦しくなると予想できるのに、それでも、いま使いたいことにお金をつぎ込んでしまう。

先延ばしグセがやめられないタイプの人がなかなか貯金できないのは当然と言えば当然のことです。

「給与引き落とし」や「財形」「企業年金」といった自動で強制的にお金を積み立てるシステムの存在は、そうした先延ばしによる将来的な経済不安を抱える人に対する社会的なリスクヘッジなのです。

生命保険などはできるだけ若いうちに入ったほうが掛け金も安くて済みます。逆に「まだ若いから」という楽観と目先の出費に流されて先延ばしし、ある程度の年齢になってから加入すれば掛け金が跳ね上がり、負担が大きくなってしまいます。

将来を見据えて早くから貯蓄を始められる「すぐやる人」は、備えを先延ばしし続ける人と比べて、先々の安定した人生設計を経済効率よく手に入れられるのです。

延滞金も積もれば首を絞める！「明日でいいや」が思わぬ出費を招く

先延ばしが個人のサイフに与えるマイナスは、貯金できないことだけではありません。お金にまつわる先延ばしによる大きなツケに「延滞金」の発生があります。レンタルビデオを借りたまま、返却を先延ばしにして期日をすぎて延滞金がかかる。税金や公共料金の支払いを先延ばしにして延滞金が上乗せされた督促状がきたということはありませんか？　なんとももったいないことです。面倒くさがらず期限までに返却したり、先延ばしせずすぐに支払っていれば、延滞金という余計な出費をしなくて済んだのですから。

延滞金などたいした金額じゃないと言うなかれ。塵《ちり》も積もれば山となります。そうした小さな出費を軽く見て、「まあいいか」と思ってしまう。サイフの中に支払えるだけのお金が入っているのに、ついその支払いを先延ばしにして飲みに行ってしまったり、ほしいものを買ってしまう。あろうことかギャンブルで増やそうとしてすってしまう。

そうした人はなかなかお金が貯まらないと、世の中の相場は決まっています。それどころか、お金が絡むために人としての信用をなくす事態にもなりかねません。

「支払わなければならないお金」は自分のお金ではありません。だからこそ先延ばしせず、まずはすぐに支払いを済ませてしまう。それができる人は、お金が貯まるだけでなく、キッチリしている人という信用を得ることもできるでしょう。

督促状の山
「まぁいいや」見て見ぬフリで先延ばし
その結果 金より貯まる 督促状

〝したほうがいい〟先延ばしもある!? 戦略的先延ばしのメリット　5つのケース

先延ばしとは「マイナスの結果になると知りながら、意識的に行動を延期する」こと。先々自分の首を絞める先延ばしにはデメリットしかありません。

しかし、ときとして〝今すぐやらない〟ほうが結果としてプラスになることも。そうした場合に限って、その先延ばしは「戦略的で意図的な先延ばし」となり、そこにはメリットも生まれてきます。

したほうがいい「戦略的な先延ばし」の代表的なケースとしては、以下の5つのケースが挙げられます。

①アイデアやクリエイティブな発想をするとき

直観的に思いついたアイデアなどは矢継ぎ早に実行せずに、一度〝寝かせる〟ことで、より質の高いものになることがよくあります。時間を置くことで、そのアイデアを冷静に客観視できる余裕が生まれるからです。

夜中に気が乗って書いたラブレターを翌朝になって読み直したら、自分でも引くほどひどい内容だった――これも一晩寝かせたことで客観視できた先延ばしの効用と言えます。

②大きな決断、検討要素が多いとき

「大事な決断」も先延ばしがプラスに働くことのひとつ。考えすぎて判断がつけられなくなる事態を避けるには、いったん考えるのをやめて決断を先延ばしし、しばらくあとに再度考えるというプロセスを踏むことで最善の判断ができます。

オランダの心理学者アプ・ディクステルホイスは、３つのグループに自動車の購入を検討してもらう実験を行いました。

実験

被験者たちを、

①その場で即決してもらった場合

②購入すべきか、長時間考え続けた場合

③最初に少し考え、一度考えるのをやめてパズルで気をそらし、しばらくあとに再度考え直した場合

にグループ分けし、決断の納得度や満足度を比較したのです。

その結果、③のパズルを使って気をそらしたグループが、自分にとってもっともいい判断を下したという結果が出ました。

また、家を買う・車を買う・結婚相手を決めるといった複雑な要素が絡み合ったことの決断は、すぐに答えを出さずに一度思考から離れて先延ばししてみるほうが、より納得できるいい結果が出ることがわかったのです。


服を買うか買わないか迷ったときは、お店で少し考えたら、一度お店を出てお茶を飲んだり、他の買い物をしたりして決断を先延ばしし、最後にまた戻って決める。迷ったときはこうして決めると満足度が高くなる可能性があります。

③先延ばしで「心待ち」を楽しむとき

ほしいものや楽しいイベントといった自分が喜ぶ〝ごほうび〟のことを心理学用語で「消費ゴール」と呼びます。

そして消費ゴールが「手に入るまで」と「手に入ったあと」では、どちらの満足度が高いか（幸福度が持続するか）を調べた実験があります。

例えば海外旅行に行こうと決めた場合。旅行に行く前の計画を立てているときと旅行が終わったあとでは、どちらが長くハッピーな気分でいられるかということ。

実験

オランダ・ブレダ応用科学大学で行われた実験で、

A：旅行に行く前

B：旅行に行ったあと

それぞれ、どれくらい満足度が継続したのか調査しました。

結果はA。

旅行が終わったあとの満足度が継続したのは2週間。一方、旅行に行く前の計画をしているときは4倍の8週間、2カ月も幸福度が継続することがわかりました。

つまり、実際にごほうびを手にする前の「心待ちにしている状態」が、幸福度を大きくアップさせていたのです。

子どもの頃「遠足や運動会は〝当日になるまで〟がいちばん楽しかった」という経験がありませんか。また、「祭りのあと」というように、お祭りの日を待っている間のほうが楽しくて、実際に始まるとあっけなく終わってしまうもの。

英語にも「Prospect is often better than possession（期待はときに現実に勝る）」ということわざがあるように、現実よりも心待ちにしている楽しさのほうが大きいと感じるのは万国共通の心理なのです。

この心理を利用すれば先延ばしもプラスに働きます。つまり、消費ゴールに関しては、8週間くらい〝先延ばし〟したほうが、より長く大きくハッピーになれるということ。

「即買い」や「弾丸ツアー」もいいですが、8週間（2カ月）ぐらい前から予定を立てて心待ちにしてからのほうが、前後あわせて10週間も楽しめるのです。

④やめたい習慣をやめるとき

「明日からダイエット」と言って延々やらない。「来週から英語の勉強」と言ったきりそのまま。今日の午後にやろう。明日やろう。来週やろう。こうして先延ばしを続け、結局何もしなかった――。先延ばしが高じると「あとでやる」どころか、やらずにやめてしまうという結果を招くことになります。

これは先延ばしの大きなデメリットなのですが、ものは考えようで、このデメリットを逆に利用するという手もあります。

「先延ばししたら、結局やらなくなる」のなら、やめたい悪習慣やクセを先送りしてしまえば、それも「やめられる」ことになります。

例えば禁煙するにしても、最初からいきなり「タバコをやめよう」と自分を追い込んでも、その反動でつい吸ってしまうもの。そうではなく「タバコを吸うのはあとにしよう」と考えるのです。

思わず吸いたくなってタバコを取り出したら、すぐに吸わずに「吸ってもいいけれど、あと5分待とう」と喫煙を〝先延ばし〟するのです。5分に慣れたら次は10分、15分と先延ばしの時間を長くしていくと、そのうちに吸わなくても平気になってくる。こういうことがよく起きるのです。

やめたいことをやめるために、やめたいことをあえて先延ばしする。デメリット転じてメリットとする逆転の発想です。

⑤怒りやムカつきを制御するとき

部下に、同僚に、取り引き先に、顧客に、奥さんに、子どもに——腹が立って小言を言いたくなったときは、すぐに言わずにその怒りを先延ばしすべし。人間関係で摩擦や衝突が起きそうになったときの対処法のひとつです。

アメリカ合衆国第16代大統領のリンカーン。彼は当時のアメリカ軍内であるルールをつくりました。それは、兵士同士が口論やケンカを起こしそうになったら、「その場では絶対にやりあわず、翌日になるまで待て」というもの。すると軍のなかでのいざこざが劇的に減ったといわれています。

頭に血が上っているとき、人はたいてい「自分のほうが論理的に正しい」と思い込んでいるものです。しかし厄介なのは、論理よりも感情のほうが圧倒的に〝足が速い〟ということ。どうしても感情のほうが先に表に出てきてしまいます。だから、相手に文句を言いたくなったらひと晩寝てから言え、ムカついたら一回、冷静になって気持ちを整理しろ。つまり、怒りやムカついた気持ちをぶちまけるのを先延ばししろ、ということなのです。

ビジネスシーンにしてもトラブルや行き違いはつきものです。そうした場合でも、その場ですぐに相手を責めたりせずに自社に持ち帰り、落ち着いて感情を整理してトラブルの原因を探し出し、対応策を検討する。その上で、苦情を言う、説明を求める、責任の所在を明らかにするなりすればいいのです。

一時の感情に任せて怒りをあらわにしたりすれば、取り返しのつかない大騒ぎになることもあります。冷静になって検証したら、こちらが悪かったというケースだってないとは限りません。

怒りの感情はすぐに表に出さずに時間を置く。人間関係を良好に保つために〝したほうがいい〟戦略的先送りと言えるでしょう。

第4章

「あとで」を「すぐ」に変える
5つのSTEP

今すぐきっとなれる「スタートダッシュ」できる自分

私たちはなぜ、ものごとを先延ばしするのか。第2章ではその原因となる3つのメンタル・ブレーキを、第3章では先延ばしグセのマイナス影響を乗り越えることで生まれる「すぐ動く」メリットを分析してきました。

この章からは、脳に、体に、意識に染みついてしまった先延ばしグセから脱却するための実践的なテクニックについて解説していきます。

目の前のタスクに〝今すぐ〟取り組む、途中で後回しせずに最後まで完遂する、そのための科学的・心理学的アプローチを、

STEP ① 取り組む前にしておきたい「環境」

STEP② 始めるときの「時間」
STEP③ タスクの「準備」
STEP④ とりあえず手をつけるための「初動」
STEP⑤ それでも先延ばしグセが出てきたときの「修正」

という5つのステップに分類しました。

それを実践するのが面倒なんじゃないの？――そんな思いが脳裏をよぎった人もいるかもしれません。でも心配無用。

紹介するアプローチのひとつひとつは、それ自体を〝先延ばし〟してしまいそうな難しいテクニックや強靭な意思力を必要とするものではありません。

それほどにシンプルで簡単なアプローチで、人の意識は変容するのです。

読んだら「すぐ」日常生活に取り入れてみてください。これらのテクニックを上手に活用すれば、**あなたはきっと即動&完遂の「スタートダッシュの達人」に変われるはずです。**

DO IT NOW

STEP① 「環境」の準備

すぐに動ける環境を整えておく

納戸だって立派な環境、ところ変わればやる気も変わる!

先延ばしの〝常習犯〟が、**最初に見直すべきポイントは周囲の環境です。**

人間の心理状態や習慣は身の回りの環境に大きく左右されます。もちろん先延ばしグセも例外ではありません。タスクやパーソナリティ以前に、その人が身を置く環境そのものが「あとで」を誘発しているケースも少なくないのです。

そこで、先延ばし体質を克服するための最初のステップでは、「すぐに動くための環境」に着目しました。

こうした場合、**いちばん手っ取り早いのは「環境を変えてみる」というアプローチです。**

オフィスの自分のデスクでパソコンに向き合っても、なかなかやる気のエンジンがかからない。自分の部屋でノートを開いても、気が散って勉強に身が入らない。そんなときは、まず場所を変えてみましょう。

ノートパソコンを抱えてカフェに

行ってみる。周囲がみんな勉強している図書館に行ってみる。そこまでしなくても、オフィスなら違う部屋（空いている会議室や応接室など）、自宅ならリビングやダイニングなどに移動してみるのもいいでしょう。

移動した場所でも先延ばしグセが出てくるようなら、また違う場所に行ってみる。自分がやる気になれる場所（環境）を探してみましょう。知り合いの某編集者は、そうやって自分のやる気スポットを探した結果、自宅の納戸がいちばん落ち着くことに気づき、原稿チェックや校正をする際はいつも納戸に閉じ籠もっていたそうです。ところが、「最近は納戸でもイマイチやる気が起こらなくなってきた」そうで、次の場所を探しているのだとか。

重要なのは、やる気が湧いてこない〝いつもの場所〟から離れて、違う環境に身を置いてみるということ。**環境の変化が心理状態にも大きく影響して、「あとで」という先延ばしの習慣にも変化をもたらしてくれます。**

環境のミニマル化　誘惑する材料を自分から遠ざける

自分にとって本当に大切なものだけで暮らす人を「ミニマリスト」と呼ぶように、ミニマルには「必要最小限の、可能な限り少ない」という意味があります。

先延ばし対策で環境をミニマル化するとは、身の回りを整理して、タスクに必要なもの以外はすべて取り払ってしまうこと。もっと簡単に言えば、「自分の気を散らすものを取り除く」「誘惑になるものを排除する」ということです。

タスクに取りかかろうとして、つい代わりにスマホゲームを始めてしまう。代わりにテレビを見てしまう。代わりに本を読んでしまう――。

それはなぜか。すぐ手の届くところに〝代わりの何か〟が置いてあるからです。ならば、その代わりの何かを周囲から遠ざけてしまえばいい。スマホや読みかけの本、テレビといった誘惑の元凶を排除してしまえばいいのです。

買い物しすぎ、お金の使いすぎを防ぐには、「財布に1万円以上入れない」「クレジットカードを持ち歩かない」など、浪費の元になる現金やカードを最初から排除しておけばいいのと同じことです。

　このように、あとあとってしまうだろう行動を抑制するために事前に準備しておくことを「プリコミットメント」といいます。

誘惑に負けないために、誘惑の元となるものを断つ。「でも捨てるのはもったいない」なら、とりあえず一度、誘惑グッズ一式をダンボール箱に入れてしまいましょう。**とにかくそれらを視界から外すことを考えます。**

　箱にしまっただけではついのぞいてしまうというのなら、ダンボールをひっくり返す、フタをガムテープ

で閉じる。そうやって取り出しにくくするといいでしょう。

いちいち箱を裏返して、ガムテープをはがさなければスマホや本が出てこない。**誘惑グッズに触れるのが面倒という環境をつくってしまうのです。**

やるべきことを先延ばしにしたまま、何もせず、ただボーッとしている人はまずいません。多くの人は、代わりに何か別のことをやっています。

なぜなら、人間は退屈に耐えられない生き物だからです。それを証明する、こんな興味深くて残酷な実験があります。

実験

自分自身に強烈な電気ショックを与える器具だけを持たされた被験者を、何もない部屋に長期間閉じ込めます。退屈と苦痛、究極の状況で人間はどっちを選ぶ?

A：なにもしないでボーッとしている

B：電気ショックの器具で遊ぶ

答えはB。

何もすることがない被験者は、次第に退屈に耐えきれなくなって、最終的には自分に電気ショックを与え始めたんですね。退屈を打ち破る刺激を得るためには、自分の体を痛めつけることさえも厭《いと》わなくなるということです。

人はそれほどまでに退屈を嫌います。ですから、**わざわざ何もすることがない退屈な時間を得るための先延ばしはしません**。

誘惑グッズを遠ざけて代わりにすることがなくなれば、「先延ばししても退屈になるだけ」の環境になります。すると、ただ退屈するくらいなら、目の前のタスクをやってしまおうという発想になってくるのです。

パブロフの犬方式！ これを見たらやる、と思う目印をつくる

iPhoneに標準で搭載されている『リマインダー』というアプリをご存じでしょうか。リマインダーには「思い出させるもの」という意味があります。「○○社の△△さんに電話をする」「運転免許の更新に行く」「プリンターのインクを買う」――など、忘れてはいけないタスクをあらかじめ登録しておくと、指定した日時に自動的に通知してくれるもので、すでに活用している人も多いかもしれません。

このリマインダーの原理を応用することで先延ばしを抑制するアプローチが「可視化リマインダー」です。仰々しいネーミングですが、やることは至ってシンプル。「今日中に伝票整理を終わらせる」「明日の出社前にパスポート申請用の写真を撮る」など、**やるべきタスクを書き出した付箋やメモなどをリマインダーとして、目につきやすい場所に貼りつけておきます。**

こうした**「やるべきタスク」を明確に可視化することで、「あとで」という先延ばしグセを抑えることができます。**

楽しい誘惑に負けてしまいそうなとき、タスクに飽きて先延ばししたくなってきたとき、リマインダーを見ることでやるべきタスクを再確認するわけです。

紙に書いて周囲に貼る。環境づくりとしては非常に簡単ですが、これだけでも先延ばしの防止には効果があります。

とはいえ、リマインダーの文字を

読んでもまだ何となくやる気が湧かず、ダラダラと先延ばしにしてしまうという人のために、可視化リマインダーの〝グレードアップ・バージョン〟をお教えしましょう。

それが「連想リマインダー」と呼ばれるテクニックです。

これはリマインダーを、文字ではなくイラストや写真などのビジュアル素材に置き換えるというもの。ハーバード大学が「より作業を達成しやすくするリマインダーの設定法」として提唱したテクニックで、タスクの内容とは関係のない絵や写真でも、文字だけのリマインダーより効果があることがわかっています。実際にハーバード大学で行われたのは次のような実験です。

実験

249人の男女にあるアンケート調査をお願いするのですが、その際に「必ず最後に『上記のどれでもない』にチェックを入れる」という指示を与える。「忘れずにやってほしいこと」を決めて、どれくらいの人がその指示を覚えているかを実験。

参加者を半分に分けて、それぞれのグループに次のような2つのパターンのリマインダーを見せました。実際に指示通りに実践できたのはどちらか?

グループA:文字だけで「『上記のどれでもない』にチェックを入れること」と書かれたリマインダーを見せる

グループB:「トイストーリーのキャラクターを見たら『上記のどれでもない』にチェックを入れることを思い出してください」と教えておいたうえで、トイストーリーのキャラだけが描かれたリマインダーを見せる

結果はB。

一見すると、具体的に文字で指示されたAのグループのほうが、リマインダー効果が高く忘れなさそうに思えます。しかし実際には、文字だけのグループで指示を覚えていた人が78%だったのに対して、連想リマインダーを用いたグループでは92%の人が指示を覚えていました。Ｂの連想リマインダーが圧勝したのです。

トイストーリーのキャラクターと「チェックを入れる」という行為には何の関係もありません。それでも作業内容を文章で示すよりも、象徴的なイメージで代用したほうが指示を忘れる人が少なかったのです。

さらに、別の実験でも連想リマインダーの効果が証明されています。

実験

今度の対象者は５００人の男女です。対象者全員にカフェのクーポン券を渡して、「必ずこれをカフェで使ってください」とお願いしました。

２日後、カフェに集まった参加者たちを３つのグループに分け、それぞれに次の３つのパターンでリマインダーを見せ、どれくらいの人が忘れずにクーポンを使ったのかを集計。

指示どおりに選んだグループはどのグループか？

グループ①：リマインダーを置かない

グループ②：文字で「クーポンを使う」と書かれたリマインダー

グループ③：トイストーリーのキャラクターだけ描いた連想リマインダー

結果はグループ③。

前の実験と同様で、文字だけのリマインダーにくらべて、連想リマインダーは36％も実行率が上がった（忘れなかった）のです。これらの実験によって、単に文字だけのリマインダーよりも、**目を引くような、よりインパクトの強いものをリマインダーにするほうが目標達成の効果が高い**ことが実証されました。

私たちの身の回りには文字情報があふれており、文字オンリーのリマインダーでは埋もれて目立たないという環境的な条件も影響しているかもしれません。

ですから、連想リマインダーに使うものも、周辺環境のなかに埋もれてしまわないようなもの、いわば**〝浮いて見える〟ものを使う必要があります。**

・自分の部屋にあったら違和感があるものを用意して、取りかかるべきタスク（作業）を決めておきます。

例えば――

リマインダー	取りかかるべき作業
クマのぬいぐるみ	スポーツジムに行く
モアイ像の置物	洗濯物をたたんでしまう
フラフープ	分別してゴミ出しをする
謎の鉱石	仕事のメールの返信をする
浅草とかかれた提灯	食後の片づけ

というように明らかに部屋の中に異質なもの、違和感がある変なものが置いてあったら、否応なしに目が行くはず。モアイ像に目が行ったら、「洗濯物をたたむ」というリマインダーが頭の中で再生され、それが行動へとつながっていきます。「モアイ像を見たら洗濯物だ、洗濯物をたたむんだった」

浮いて見えるものでリマインダー効果

「よしやってしまおう」という意識になりやすいのです。

私の家には変なところに石が積んであったり、謎のアヒルの置物やクマのぬいぐるみがあったりしてよく驚かれるのですが、それらは、**私にとって「取り組むべき何か」を対応させた連想リマインダーなのです。**

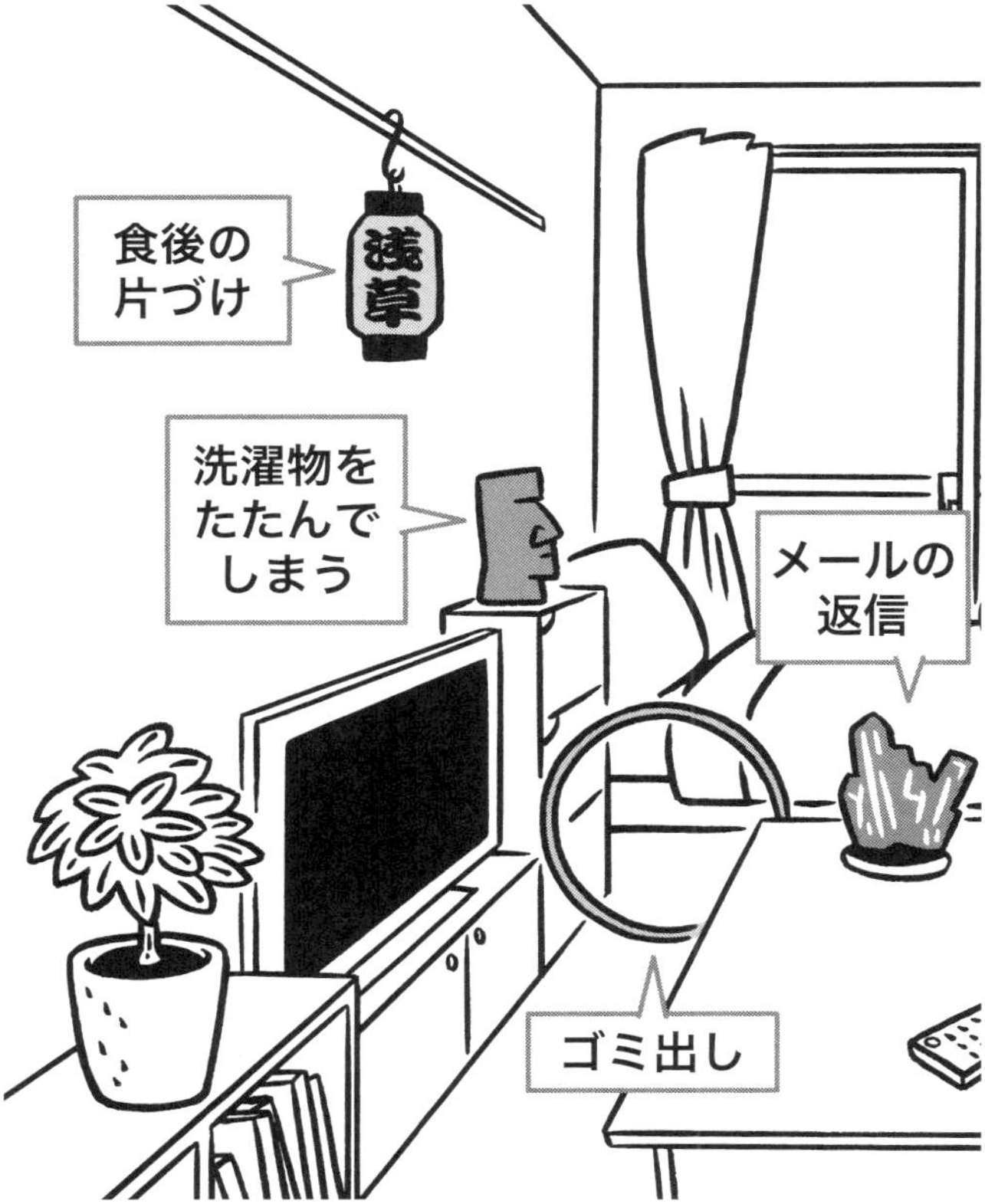
食後の
片づけ
洗濯物を
たたんで
しまう
メールの
返信
ゴミ出し

DO IT NOW

STEP② 時間の準備

やる気のゴールデンタイムを見つける

やる気になる時間帯を見つけてスケジューリングする

「自分は、朝のほうが頭も冴えてやる気もアップする朝型タイプ」
「私は、夜中のほうが集中できて仕事や勉強がはかどる夜型タイプ」
「単調な事務作業なら、頭が仕事モードになる始業後1時間が、いちばん集中できる」
「事務作業は、終業後、1日のいちばん最後にやるほうが気分よくできる」
「食事をする前の空腹時のほうが発想力もアップして仕事が進む」

「腹が減っては戦ができない。きちんと食事をして、食休みをしたあとのほうがやる気が出る」

――こうした話をよく聞きます。

人にはそれぞれ「もっともやる気が充実する、調子のいい時間帯」があるのです。

そうした「自分のゴールデンタイム」を把握して、**その時間にあわせてタスクを行えば、先延ばしグセは発動しにくくなります。**

自分のゴールデンタイムがわからないという人は、まず過去の成功体験、うまくいった体験を思い出してください。小さなことでも構いません。そして次に、それは「どんな時間帯での出来事だったのか」を思い出してみましょう。

それを検証することで、どんなタスクをどんなときに行うのがもっとも適しているのか、時間的なベストタイミングが明確になってきます。

例えば――

うまくいった体験を思い出してみる

↓

学生時代のテストでは、徹夜で何時間も勉強するより、早起きして朝の２時間集中して勉強したほうが、成績は圧倒的によかった

↓

知力を使うタスクは朝に行うほうが、効率もいいし、効果も出ている

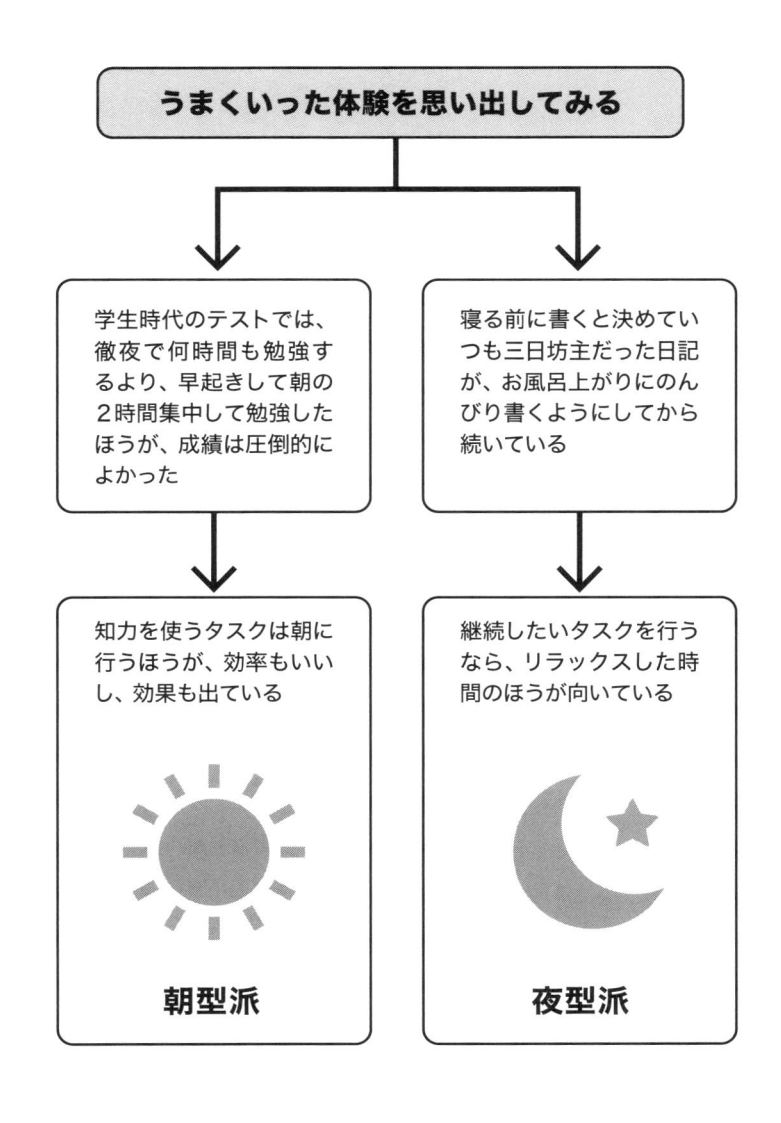

朝型派

↓

寝る前に書くと決めていつも三日坊主だった日記が、お風呂上がりにのんびり書くようにしてから続いている

↓

継続したいタスクを行うなら、リラックスした時間のほうが向いている

夜型派

という感じです。

やるべきことを書き出して明確化するのがＴｏ Ｄｏリストならば、スケジューリングは「やるべき時間」を明確化するタスク管理術と言えます。「何をやるか」だけでなく、「いつやるか」にも着目しましょう。

ポイントは、

- **最初から先延ばしせず、やるべきタスクにすぐ取りかかれる**
- **途中から後回しにせずに、タスクを達成する確率が高くなる**

そんな自分のゴールデンタイムを見つけてください。

いつやるか、取りかかる時間を具体的に設定する

昔から「今度とおばけは出たためしがない」といいます。今度飲みに行きましょう。

今度こそダイエットするぞ。今度はちゃんと協力するから――こうした「今度」が実現されることはほぼない、という意味です。

これは「あとで」も同じこと。あとでやろう、すぐやらなくても大丈夫と一度先延ばしをすると、実際にあとになっても、また「もう少しあとで」「まだ平気でしょ」とズルズルと先延ばしを繰り返してしまう。結果、いつになっても始められないということになりかねません。

では、出たためしがない「今度」や「あとで」を実現させるにはどうするか。答えは簡単。**具体的な日時を決めてしまえばいいのです**。

あとで、今度、いずれまたという抽象的な時間設定が「まあ、すぐでなくてもいいか」という自分に甘い先延ばしを生み出します。そこで、

- 「今度、食事に行きましょう」ではなく「○日に食事に行きましょう」
- 「今度こそダイエットする」ではなく「今日の夕食からダイエットする」
- 「今度は協力する」ではなく「来週からのプロジェクトは協力する」

そして、「あとでやる」ではなく「○時になったらやる」「30分後にやる」という具合に、あいまいな線引きをやめて行動を明確な時間で固定するのです。

ただ、「明日」だけでは「あとで」と同じ。そうではなく「明日の○時」、「明日、出社してデスクについたらすぐ」など、タスクを始めるタイミングはできる限り具体的に設定しましょう。

自分に課した明確な時間設定が、やる気エンジン始動のきっかけになってくれます。

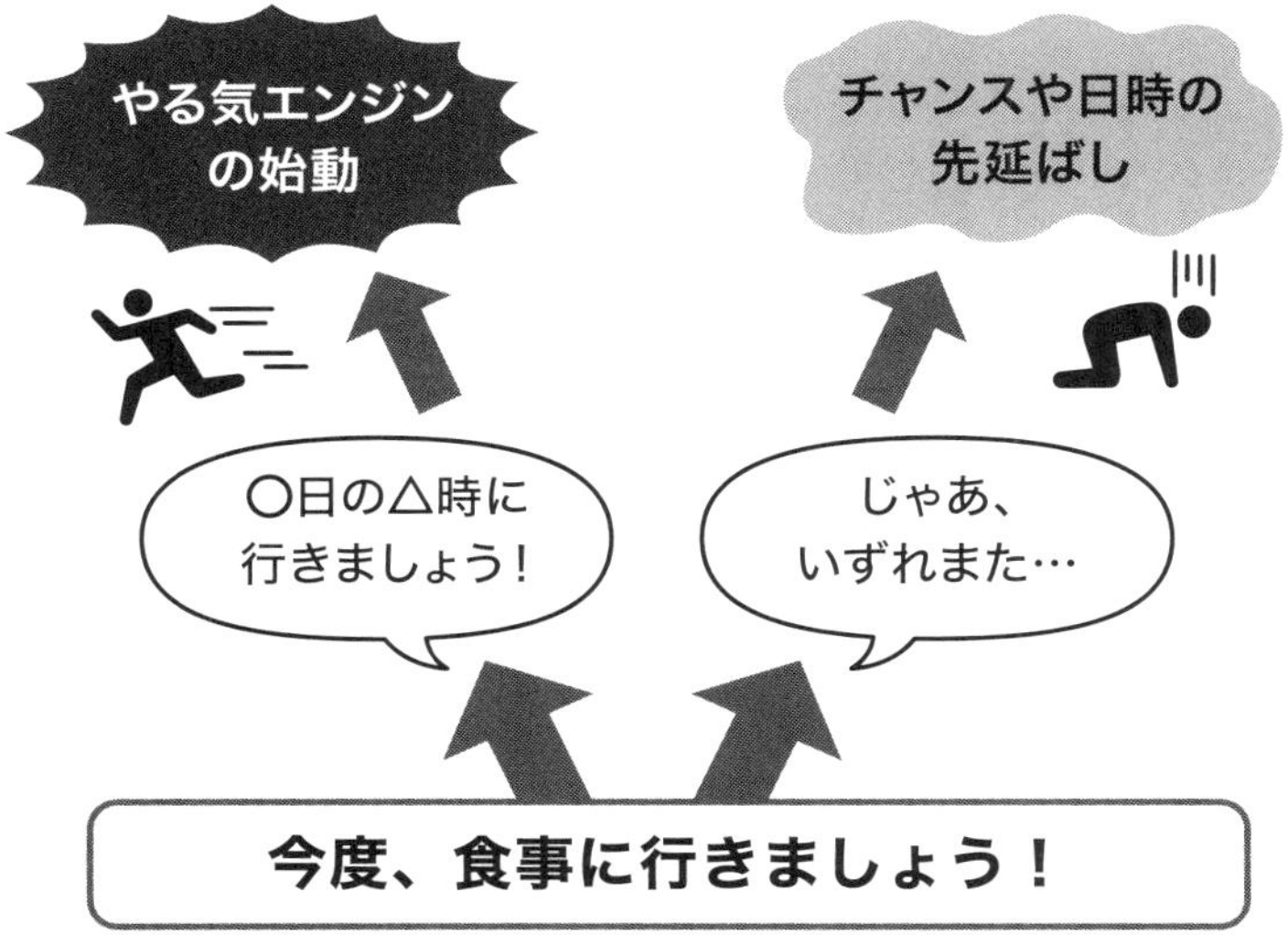
やる気エンジンの始動
チャンスや日時の先延ばし
○日の△時に行きましょう！
じゃあ、いずれまた…
今度、食事に行きましょう！

〝火事場の馬鹿力〟効果を利用する

ギリギリにならないとやる気がでない、締め切りが近くならないと動かない。人は誰しもそうした心理傾向を持っています。

「あと5分以内に家を出なければ間に合わない」という状況下なら、ちゃんと5分で出かけられるのに、「出発まで1時間ある」と言われると何となくダラダラ準備して、結局最後の15分で大慌てする。そんな経験、ありませんか。

子どもの頃、夏休みの宿題をためにためて、最後の2～3日間で半べそかいて机に向かう。そんな思い出、みなさんにもあると思います。

締め切りまでまだ時間があると思ってのんびりしていたのに、気がつけばあと数日しかないと真っ青になる。ライターさんのなかには、そういう恐怖体験を何度も繰り返している〝懲りない人〟もいます。

「あとで」を積み重ねて、最後に痛い目に遭う。先延ばしの王道パターンですね。

ただ、そんな経験に共通しているのは、締め切り直前の「ヤバいよ、時間がないよ、間に合わないよ」という状況になったとき、それまでのダラダラがウソのような集中力が発揮できたという感覚ではないでしょうか。

取り組んでいるタスクに時間制限や締め切りを明確に設け、**タイムリミットを意識することで集中力が高まっていく現象を「締め切り効果」と言います。**

この締め切り効果は、目の前のことを先延ばしするグズグズ、ダラダラ心理に喝を入れるのに大いに役立ちます。

つまり、意図的にギリギリ状態に自分を持っていく。**目の前のやるべきタスクに、締め切り、意図的なタイムリミットをつければ言いのです。**

残り時間を減らして使える時間を制限すれば、締め切り効果によって、すぐにパフォーマンスを引き出すことができるでしょう。言い換えれば、「終わりの時間」を明確にするということです。

今すぐやらなくてもいいタスク、終わりが明確に決まっていないタスクほど、締め切りを決めない限り、いつまでもずっと手をつけない状態になってしまいがちです。

●この企画書は18時までに仕上げて提出する
●あと30分で経費精算を終わらせる
●15分で自分の部屋を掃除する
●このCMの間に洗濯物をたたむ

締め切りの時間が決まる、使える時間が定まると、脳は動き始めます。最低限片づけなければいけないことは何か。それにはどの程度の時間が必要なのか。こうして人はようやく重い腰を上げるのです。

では、その締め切りはどうやって定めればいいのでしょうか。**効果の高い時間制限の方法のひとつが、「先に予定を入れてしまう」というもの**。

例えば、その日やるべき作業があったら、午前中は作業の時間にあてて、午後は社外の人と会うとか取引先を訪ねるといったアポイントを入れてしまいます。つまり、午後は自分だけの都合では変更できない、相手のある決められた仕事が入っている状態になります。

こうなるともう、やるべき作業は午前中に済ませるしかありません。先延ばししたら、午後の仕事に差し障って大勢の人に迷惑を掛けてしまいます。

また、終業すぐに友だちと飲みに行く約束を入れてしまうのもいい。その日は定時に上がりたい。残業できない。結果、やるべきタスクにいち早く取り組まざるを得なくなります。「あとで」なんて言っていると飲みに行けなくなってしまうのですから。

人は基本的に、時間を制限しない

とやる気が出ません。時間に余裕があると人はどうしても余計なことをしてしまいがち。ついつい怠けグセが出てしまいがちです。

そこで、

- **意図的にやるべきタスクのデッドラインを設ける**
- **デッドラインが生まれるように意識して予定を立てる**

心理的にお尻に火がついた状態になればダラダラした先延ばしが抑制できるのです。

締め切りは、他者に決めてもらう

ただ、締め切り効果には〝誤解〟もあります。**それは「自分で設定した締め切りにはあまり効果がない」ということです。**

行動経済学者のダン・アリエリーが行ったこんな実験があります。

実験

被験者の学生たちを、３つのグループに分けてレポートの提出を指示しました。レポートの締め切りを守ったのはどのグループ？

グループ①：締め切りを決めない

グループ②：自分で締め切りを決めた

グループ③：他者から締め切りを強制される

結果は③。

いちばん締め切りが守られたのがグループ③の「他者から締め切りを強制される」で、「自分で締め切りを決めた」グループ②の学生たちは２位、最下位はグループ①

の「締め切りを決めない」という結果が出ました。つまり、同じ「締め切りを設定する」でも自分で決めるのではなく、ほかの誰かに強制的に設定されなければ、先延ばし対策としてはあまり意味がないのです。もちろん自分で決めた締め切りにも、まったく効果がないわけではありません。若干ですが、少なくとも締め切りを決めないよりは達成率も上回っているのですから。ただ、ここにもうひとつ問題があります。

自分で締め切りを設定する場合には、厳しくしすぎると逆効果になることがわかっています。

実は、ダン・アリエリーの実験には追加実験があります。

実験

前述した内容に「締め切りに少しでも遅れたらレポートを絶対受け取らない」という厳しい条件をプラスして、3つの締め切りパターンで比較しました。

グループ①：締め切りを決めない

グループ②：自分で締め切りを決めた
グループ③：他者から締め切りを強制される

結果は大きく変わり、学生たちのモチベーションに大きな変化が起きました。というのも、今度はグループ②の「自分で締め切りを決める」学生たちのパフォーマンスが一気に落ちて、最下位になってしまったのです。「締め切りを決めない」グループをも下回ったといいます。これは何を意味するのか。

締め切りが厳しくなるほど、自分で締め切りを決めた人たちは「こりゃ無理だ」という心理状態に陥って最初からあきらめてしまったのです。

自分で締め切りを決めるなら、あまり厳しく設定しない。

厳しい締め切りを自分に課したいのなら、その締め切りは他人に決めてもらうこと。

締め切り効果は、状況に合わせて上手に使い分ける必要があるのです。

DO IT NOW

STEP③ タスクの準備

「やるか、やらないか」の2択で分類する

なんでもかんでも「すぐ」やらなくていい

「先延ばしをやめて、すぐにやる」という行動に関して、**多くの人が勘違いしている**
のが、「すべてのことをすぐやるべき」と考えていることです。

「これはそんなに急いでやらなくてもいいでしょ」という〝しょうもないこと〟まで全部にすぐに取り組まなければいけないと思い込んでいる人、「すぐやることが美学」だと考えている人が少なくないのです。

でも、それは違います。

私たち現代人は日々、過剰なほど「やること」に囲まれて生活しています。**やることが多すぎて、そのすべてを「すぐやる」ことなど、そもそも不可能なのです。**

人間の脳は優先順位をつけるのが苦手です。目の前にやることが山のように積まれ、選択肢があふれていると、脳はどれが大事なのか、何を優先して片づければいいのかがわからなくなるのです。

その結果、あれこれ全部やろうとして、結局、全部できない。すべてを先延ばしにしてしまい、どれにも手をつけられない状況になってしまいます。

こうした事態を防ぐにはどうすればいいか。それは、**自分を取り囲む「やること」の絶対数を減らしてしまえばいい。**「やるべきこと」の選択肢をできるだけ少なくすれば優先順位をつけやすくなり、「すぐやるべきこと」を決めやすくなります。

現代人の場合、やること全般に対して、約8割が「先延ばし」、1割が「すぐやる」、1割が「やらない」という割合になっているのが一般的だと思います（図①）。なぜこんなに先延ばしが多いのか、それは「やらない」と決められないから先延ばしにしているのです。

そして多くの人の勘違いは図②のように、やること全般に対して先延ばしをなくし、9割が「すぐやる」、1割が「やらない」。ほぼ全部「すぐやる」にするべきと考えてしまうことにあります。よくある『すぐやる人が成功する――』的な本でも、この割合を目指しているものが多くあります。しかし、こんなのは無理でしょう。

私が本書で目指しているのは、図③のような比率です。

図①

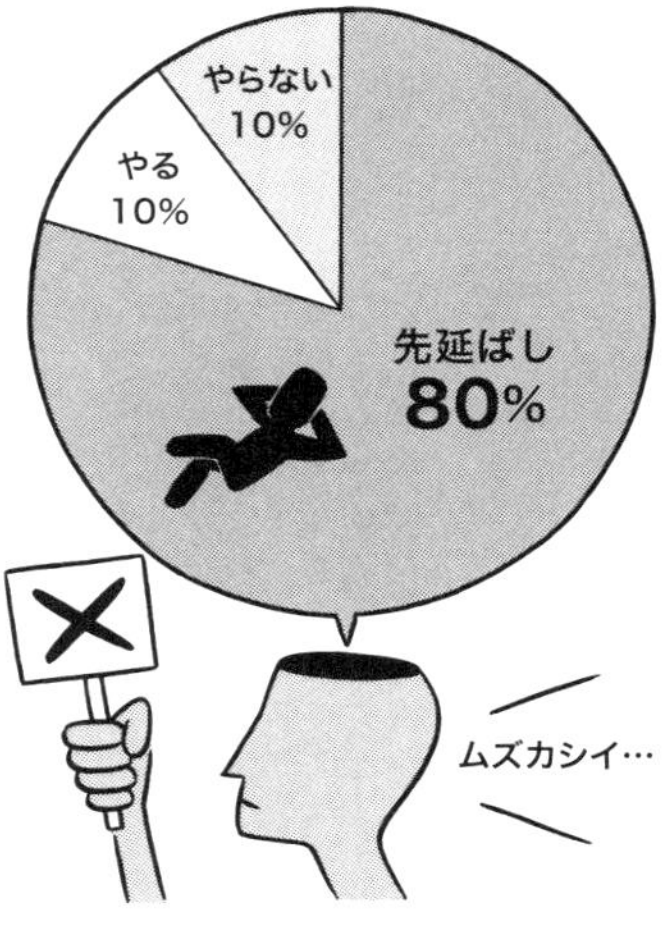
やらない
10%
やる
10%
先延ばし
80%
ムズカシイ…

図②

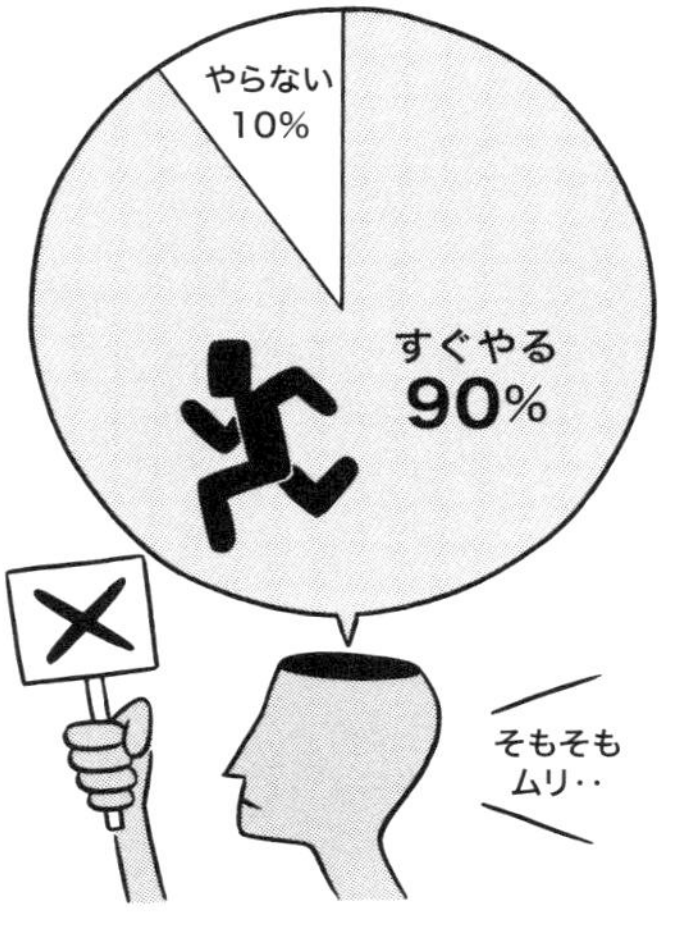
やらない
10%
すぐやる
90%
そもそも
ムリ‥

①全体のやることに対して「すぐやること」の割合を少し増やす

↓

②先延ばしの多くを「やらなくていいこと」と決断し、「やらない」の割合を大きく増やす

↓

③ごく一部の「戦略的先延ばし」については先延ばしを優先する

図③

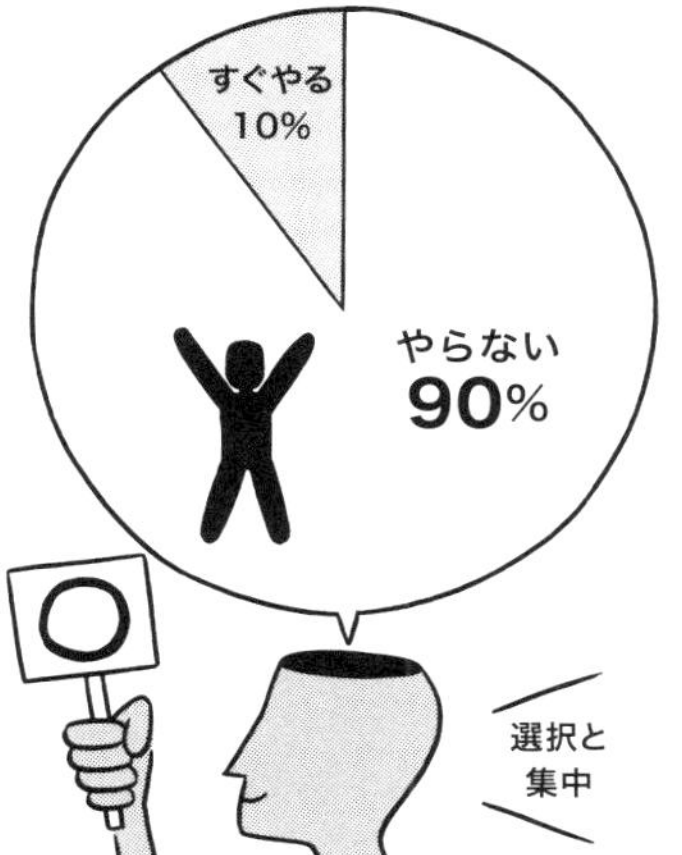

こうすることで、「何をすべきか」の優先順位がつけやすくなります。戦略的先延ばしを除けば、「やるか、やらないか」だけの判断になるわけですから。そして、やらないと決めたら、そのことはもう考えなくていい。**「やらない」の割合が大きいので、やるべきことが絞られ、そこに集中できるのです。**

オバマ前大統領も「やるか、やらないか」で行動を決めていた

アメリカのオバマ前大統領は毎晩、寝る前に翌日以降の計画を立てる時間をつくっていました。そこで「明日やること」「やらなくていいこと」「明日でなくていいことをやる日」だけを決めて、事前に予定をフィックスしていたそうです。

脳にいちばん負担をかけるのは、行動ではなく決断です。「やるかやらないかどうしよう」なんていつまでも考えて、決められずに「先延ばし」にしておく。あとになってまた「どうしよう」と考える——こういう脳の使い方がいちばん疲れます。

ならば、**「やる」「やらない」の二択でバシッと決めてしまえば、それだけ脳の負担は減ることになります。**

部屋の片づけをして、「これ捨てようかな、どうしようかな」と迷い、「もう少し考えよう」と先延ばしにして置いておきます。すると毎日毎日それを見るたびに「捨てようかな、どうしようかな」と考えることになります。そのたびに脳に負担がかかっ

ているわけです。
おもしろいもので、人は「すごく悩んで捨てたのに、しばらくすると何を捨てたのかを覚えてない」ものの。捨てたことをいつまでも後悔するほど大事なものは、そもそも捨てようと思いません。

先延ばしはやめて「やるのか、やらないのか」だけ決める。

本当にやらなければいけないことは、「やる」と決断するはず。ならば、本当にすぐやるべきことに集中するためにも、**思い切ってやらなくていいことはやらないと決めてしまいま**

しょう。

多くの人は重要ではないことにかなりの時間を使いながら、選択肢をいたずらに増やして脳に負担を与えているのです。

とはいえ、完全に「やらない」と決めてしまうのは勇気がいる。もしやらないことで問題が起きたらどうしよう――そう思ってしまう人もいるかもしれません。そんな心配にとらわれて、先延ばしをやめられないケースも多いでしょう。でも、先延ばしにできることのほとんどは、今すぐやらなくてもいいようなことなのです。場合によっては「多分、やらないだろうな」「やらなくても、まあいいか」という意識さえどこかにあるもの。

アメリカ・ミシガン大学の調査によると、心配事の80％は起こらないことが判明しています。さらに残りの20％のうちの80％は「あらかじめ準備しておけば解決できること」で、しかも最後の残りの４％は『実際にそのときにならないと手の打ちようのない事象』ということもわかっています。

この４％はほぼ不可抗力の事態。自分だけでなく誰もが準備のしようがないのですから、最初からそれを心配したところで意味がありません。

つまり、決断をする前に「もし何かあったらどうしよう」などとネガティブに考えているのは、ほとんど**心配する必要のない〝取り越し苦労〟に気を揉《も》んでいるようなものです。**

だったら、確実に「すぐやるべき」だとわかっていることに集中したほうがよほど建設的です。

アレだったら
どーしよう
コレ
だったら
どーしよう
あんなことが
起こったら…
ピーッ
それ全部
「取り越し苦労」！

やるべきことのハードルが高いときは小分けにして具体化

一見、難しそうで面倒くさそうなタスクでも、小分けにすればそれほど難易度の高くない複数の小さなタスクによって構成されていることが多いもの。

最初から「難しそう」と腰を引かず、**まずは全体をいくつかの小さなタスクに分割してみましょう**。そして、**分割された小さなタスクごとに目を向ける**。このアプローチをタスクのブレイクダウンといいます。

例えば、「家の掃除をしなきゃいけない」状況になったとします。そのときに最初から「うわ、面倒くさい」「結構大変だ」などと思ってしまうと、先延ばしの心がムクムクと首をもたげてくるでしょう。

そこで、腰が引ける前に「大掃除」という大きなタスクを、小さなタスクにブレイクダウンするのです。例えば――

- リビングと寝室に掃除機
- バスルームのカビ取り
- トイレ掃除
- 家具と家電の拭き掃除
- キッチンのシンク磨き

という5つに小分けするとどうでしょう。

抽象的で掴みどころがないゆえに「面倒」と思っていた「家の掃除」が一気に具体化され、やるべきことも明確になってきました。

極端な話、「牛を1頭食べてください」と言われたら「そんなことできるのか」と尻込みするかもしれま

具体的にイメージ
モー！
肩ロース
ネック
サーロイン
トンビ
イチボ
シンタマ
いける!!
丸々
食べてみろ！

せん。でも「肩（ロース）」「首（ネック）」「トンビ（肩から前腕）」「腰（サーロイン）」「大腿部（シンタマ）」「尻（イチボ）」——と各部位に小分けして考えればイメージが湧くでしょう。

100ピースのジグソーパズルに挑むとき、最初から全体図を完成させようとじっと100個のピースを眺めているだけでは、いつまでたっても組み立てる行動に入れません。

人物の絵なら、ともかく目のパーツを集めてみる、口になりそうな部分を探してみるというように、まず顔のパーツ別にピースを組み立てる。目ができ、口ができると、鼻が決まり、耳が見えて、やがて全体像が見えてきます。

大きなタスクにいきなり真正面からぶつかるのではなく、タスクを細分化して取り組むべきことをより具体的にするだけでも「何をどうすればいいかわからない」という理由での先延ばしは生じにくくなります。

5年後の水着より、1カ月後の1kgダイエット

今すぐやれば、将来的にどんないいことがあるか、**自分が何を達成できるかというゴールを明確にしておくことも、先延ばしグセを抑えるために有効な方法です。**

先の目標、今やることが生み出す成果を意識することで、「面倒くさい」と思っているタスクにも価値が生まれてくるからです。

ここでポイントになるのが、その目標設定や自分の望むゴール設定の仕方です。

人は、遠すぎる（先すぎる）目標や長期的なゴール設定、あるいは抽象的すぎる目標だけではなかなか行動に移せないもの（もちろん何もないよりは有効ですが）。

「今年の夏はおしゃれな水着で海に行く」という目標ならばダイエットを始める気になれても、「5年後の夏に」では遠すぎてゴールした自分が想像できなくなるため、すぐやる気が起きにくくなります。

実験

コロンビア大学で2010年に、次のようなコーヒーの無料スタンプカードに関する実験が行われました。

カフェでお客さんに「あとスタンプ10個でコーヒー1杯無料です」というカードを配って、どのくらいの人が無料コーヒーを受け取るかを調べた。より多く使われたスタンプカードはどちらでしょうか？

A：10カ所の枠のひとつもスタンプが押されていない〝まっさら〟なカード

B：12カ所の枠があって、すでに2つのスタンプが押されているカード

さて、結果はどうなったと思いますか。答えはB。

無料コーヒーまでに必要なスタンプ数はA、Bどちらも「あと10個」で同じ。ですが最終的に、12カ所中2個のスタンプが押してあるカードの人のほうが、10カ所の空欄があって1個も押されていないカードの人よりも無料コーヒーをもらう割合が高かったのです。

最初から2つ押してあることで、少しでも「ゴールに近づいている」という心理が芽生え、それが「次もすぐにスタンプを押してもらおう」という意識につながったのです。

「スタンプ2つ分」という短期目標をクリアした（たとえ自力でなくても）ことが、「あと10個」という長期的なゴール達成へのモチベーションに大きく関与したということ。

つまり、**小さなことをクリアしてゴールが近づいてるという感覚を持てれば、人は行動を起こしやすくなるのです。**

例えば——

短期ゴール

「まずは、来月までに体重を1kg減らす」

中期ゴール

「半年で体重を5kg落とす」

長期的ゴール

「来年の夏はおしゃれな水着で海に行く」

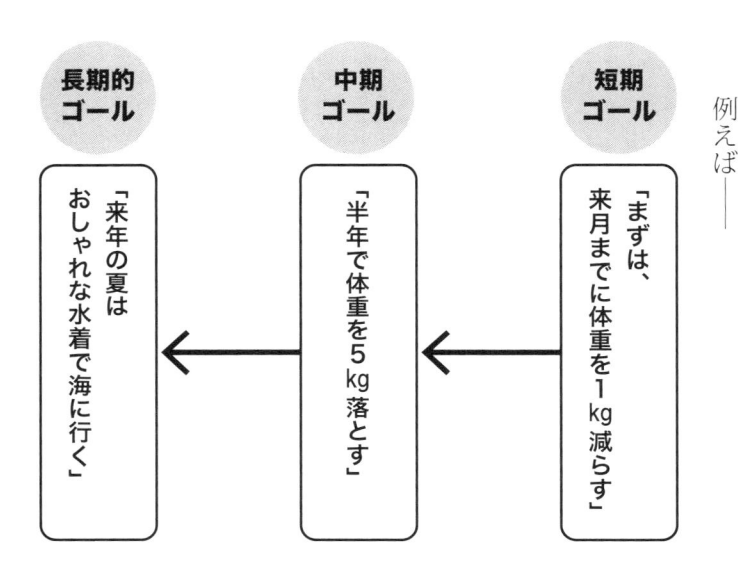

という ように細分化する。

こうすることで、「来年の水着」という長期で抽象的なゴールがより具体的になり、さらにまず１kgやせるという身近な目標が生まれます。これならできそうと思えればダイエットを始めるモチベーションにもつながりますよね。

達成したいゴール設定をするなら最終的で抽象的な長期的ゴールだけでなく、常に身近に意識できるように短期、中期、長期といったいくつかのステップに細分化して、プロセスごとにゴール設定する。

そして最初にもっとも具体的で短期的なゴールを目指せば、グンと行動を起こしやすくなります。しかも、それを達成できれば「はずみ」がついて、次の目標へのモチベーションもアップしていくはずです。

具体的な手順を考えれば、ネガティブな連想が断ち切れる

やるべきことを前にして、多くの人は「なぜ自分がこれをやらなければならないのか」という理由を考えがちです。この仕事をこなしたらどんなメリットがあるのか。どのくらい評価されるのか。どのくらい儲かるのか——つまり、タスクの価値を考えるわけです。

第2章で述べたように、自分にとって価値が高いタスクなら放っておいてもやる気になれるでしょう。ただ問題は、その価値に疑問を感じているときです。**「これをやって、何かいいことがあるの?」**という疑念は、先延ばしの大きな原因になり得ます。

とはいえ、自分にとって価値が低くてもやらなければならないタスクは存在します。そんなときにタスクの価値や理由ばかりを考えても逆効果。ストレスがたまるばかりで集中できず、結局「ああ、あとでいいや」となってしまいかねません。

それ以上あれこれと考え続けると、人は物事をよりマイナス方向に捉えがちになり

ます。「何で今すぐやらなきゃいけないんだ」「どんなメリットがあるのか」だけでなく、「できなかったらどうしよう」「何かあったら誰が責任を取るんだ」――など、次から次へと疑念が頭に浮かび、ネガティブ思考の連鎖が起きてしまいます。

そんなときはスパッと頭を切り替えて、目の前のタスクを行うための具体的な手順を考えることに意識を向けましょう。

「WHY」を考えるな、「HOW」を考えろということです。

人間は行動するにあたって、**その意義や理由、価値を考えるより、具体的な手順を考えるほうがやる気や意欲が引き出されやすい**ことが研究によってわかっています。

例えば、夜更かしをやめたいと思っている人が、「そもそも、なぜ私は早く寝なきゃいけないんだろう」などと考え始めたら、それこそいつまでたっても夜更かしをやめられません。

それよりも「帰宅したらすぐ風呂に入ろう。風呂から出たらすぐパジャマに着替えよう。ハーブティーを買ってこよう。ヒーリングCDはどうか――」と、早く寝る手順や方法に意識を向けるほうが、はるかに問題解決に近づくことができます。

また、タスクが「難しすぎる」ことが先延ばしの原因になるというのも第3章で解説したとおりです。

ここでも「難しそうでやり方がわからず、すぐに手をつけられない」のは「手順が明確になっていないだけ」というケースが多々見受けられます。

一見、難しそうで面倒くさそうなタスクでも最初から腰を引かず、冷静にその手順に目を向けて見ましょう。

例えば、私が講演のレジュメを考えるときは、

手順①　依頼に合わせたテーマを決めて、メインタイトルを書き出す

⬅

手順②　テーマを3つに分割（ブレイクダウン）してマインドマップをつくり、各々に関する考察や実証データ、研究報告を用意する

⬅

手順③　分割した項目をさらに3つずつにブレイクダウンし、同様に考察やデータをそろえる

という3つの手順を踏むだけ。これで早ければ10分くらいで完成します。テーマを決める、枝を伸ばす、内容を埋める、出来上がり――。依頼内容は違っても、いつもこの手順を踏襲しています。

もし、講演のたびに「何をどう話そう」と悩んでいたら、袋小路に突き当たって前に進まず、イヤになって「あとで」となる確率が高くなるでしょう。手順が明確になっていないから、タスクを前にして、スタートダッシュでつまずいてしまうのです。

DO IT NOW

STEP④ まず動く

キツイのは最初だけ。とにかく「手をつける」

5分ルールでやる気エンジンが始動する

とにかく、何でもいいから、5分だけやってみる。これが5分ルールです。

取りかかっても、いつまでに終えられるのか、どのくらいの時間を要するかわからない。だから、腰が重くなる。こうした不確定要素による不安も先延ばしグセを助長させる要素のひとつです。

ならば、自分で終わりを決めてしまえばいいのです。「やってみなければ何分、何時間、何日かかるかわからない」——確かにそのとおりですが、ここではそれは関係ありません。正確な所要時間を計算する必要もありません。

とりあえず5分。それで構いません。

目の前のタスクに対して、とりあえず「5分やる」と決めて手をつけてみる。5分ルールは、認知行動療法の分野で昔から取り入れられている先延ばしグセ解消の定番テクニックです。

このとき「たかだか5分ではたいしたことはできない」などと考えず、逆に「5分だと何ができるか？」という発想をしてみてください。そして、とりあえず5分だけやってみる。言うならば〝おためし〟でやってみるのです。

ここで大事なのは、5分〝だけ〟という点。5分したら「絶対やめる」と心に誓うこと。するとおもしろいことに、**やめたくなくなる、もっと続けたくなってきます**。

人には、取り組んでいるタスクを強制的に止められると、やり続けたくなるという心理があります。５分やったらそこでおしまいと決められると、もう少しやりたいと思うようになるのです。

ＤＶＤや動画配信サービスで、連続ものの海外ドラマなどを見始めたらやめられなくなったという経験はありませんか。

「１話だけ見たらやめよう」「この回だけ見たら寝よう」と思いながら、気がつけば1シーズンすべて見終わって夜が明けてしまった——これも終わりを決めたことで、もっと続けたくなるという心理行動の影響です。

キュルルルルル
OFF
ON
5分だけがんばってくれよー!!
しょうがないなー5分だけね
Brain car

5分と決めたら、それよりもっと続けたくなる。先延ばし対策における「5分ルール」とは、こうした**「終わり時間を決めると、それを先延ばししたくなる」**という心理傾向を逆手にとったアプローチなのです。

何事も苦しいのは、最初にエンジンがかかるまで。かかりさえすれば、**そこから先は一気にスピードに乗れるものです**。

エンジンの調子がイマイチなら「次の5分で何ができるか」を考えればいい。エンジンがかかってきたら、終わりを先延ばししてそのまま続ければいいのです。

まずは「5分だけ」と終わり時間を明確にして、とにかく手をつけてみる。それが、先延ばしグセを解消する大きなステップになります。

たいていの場合はそのまま続けられますが、もしも5分でモチベーションが乗らないときは、ほかのことをするのも手です。運動や散歩、体を動かしたりしてみるのもいいでしょう。目先を変えることでやる気の回復につながります。

取り組む順番を考える

買い物に行って、「これもイチオシ」「これも売れ筋」「これも人気」と次々に商品をすすめられ、何がいいのか決められずに結局「また今度」と何も買わなかった――誰もが経験があるでしょう。

これは選択回避の法則といって、**人は選択肢が多すぎると決断できなくなり、「何も選ばない」という状況に陥ってしまう**という心理効果です。

前述したタスクのブレイクダウンは、先延ばしグセを抑制する効果的なアプローチです。しかし、ただ小分けにして具体的なタスクの数を増やしただけでは、選択回避の法則が働いて、逆に「何から手をつけたらいいかわからない」というリスクが生じることもあります。

先ほどの例では「家の大掃除」を、

●リビングと寝室に掃除機

- **バスルームのカビ取り**
- **トイレ掃除**
- **家具と家電の拭き掃除**
- **キッチンのシンク磨き**

という5つの小さなタスクにブレイクダウンしました。

やるべきことが具体化されて「さあ、やろう」となったのに、「で、何からやればいいんだろう」と立ち止まったがために、また体が動かなくなってしまう。

キッチンかバスルームかトイレか、掃除機か拭き掃除か。あれこれと考えた挙句、結局何にも手をつけられないままに日が暮れてしまう——。これこそ、選択肢が多すぎて何も選べないという心理が、せっかくのやる気にブレーキをかけてしまった結果と言えます。

こうした事態を避けるために欠かせないのが、取り組む順番を決める、つまり、ブレイクダウンしたタスクに「優先順位をつける」というアプローチです。

そこでもっとも一般的なものさしとなるのは、先延ばしの大きな要因にもなっている「タスクの難易度」でしょう。**つまり「難しいことから先にやるか、簡単なことから先にやるか」ということです。**

実は、この問いには「こちらでなければダメ」という明確な答えがありません。どちらにも先延ばしグセを抑えるメリットがあるのです。

まずは、ここからそれぞれのメリットについて解説しますので、自分に合ったものを選択していただきたいと思います。

嫌いなおかずを最初に食べるか、最後に食べるか

まずは**「難しいことから先にやる」という選択**。これは別名「ワースト・ファースト・アプローチ」と呼ばれています。

朝一番に生きたカエルを食べれば、その日の最悪事はもう終わったと安心してすごすことができる

これはカナダの自己啓発作家ブライアン・トレーシーの『カエルを食べてしまえ！』という本の中の一節です。

ここで言うカエルは、「つい先延ばししたくなるイヤな作業」のこと。つまり、**やらなければならないタスクが複数あったら、もっとも難しくて面倒くさいタスクから先に手をつけろということです。**

いちばん最初にもっとも負荷の高いタスクを済ませると決めてしまえば、それ以外のタスクはとても楽そうに感じるようになります。**「もう面倒くさいものはないぞ」**と思えば

よし！
朝のうちに
俺を食べてしまえ!!
いただきます…
面倒なタスク

モチベーションも上がります。そのため、作業がスムーズに進みやすく、大きな先延ばしを回避することができるのです。

さらに言うと、どうせ**「いちばん最初」に難しいタスクを済ませるなら、その1日のいちばん最初である朝にこなすことをおすすめします**。

私自身、新しい習慣を身につけたい、新しいことを始めたいというときは、できるだけ朝やることにしています。

最近、私が習慣にしているのが「ＳＩＴ（スプリントインターバルトレーニング）」というエクササイズです。実はこれ、4～5分足らずでできるけれど非常にハードで負荷の高いトレーニングで、つい「今日は休んで、明日からまたやろう」となりがち。

そこで、そのエクササイズを「毎日朝イチにやる」と決めてしまいました。1日の最初にいちばんハードなエクササイズを済ませてしまえば、その日はもうそれ以上キツいことは起こらない。そう思えたことが日々のやる気につながり、三日坊主にならずに今でも継続できています。私自身が「ワースト・ファースト・アプローチ」の成功経験者なのです。

一方、ワースト・ファーストと対をなしている後者の**「簡単なことから先にやる」にもメリットがあります**。

ひとつは、難易度の低いタスクをテンポよくサッサッと終わらせていくことで

- **弾みがつく**
- **作業がどんどん進む**

ということがあります。

「よし、今日のオレは調子がいい。イケる気がする」とモチベーションもアップして、その勢いで後半の難しいタスクにもチャレンジできる。そんな好循環が生まれるケースもあります。

もうひとつは「タスクの印象」です。**人には「初頭効果」といって、最初に接したときの印象が、その後も全体の印象に強い影響を与えてしまう心理傾向があります**。

第一印象が「怖い人」だと、そのあとで実はやさしい人だとわかっても、なかなか

最初の「怖い人」というイメージを払拭《ふっしょく》できない。また、ひと目惚れするとアバタもエクボで、すべてがよく見えてしまう。これらも初頭効果によるものです。

同様に、難易度の低いタスクから手をつけると、第一印象が「難しくない」になるため、そのタスク全体も「難しくない」と感じやすくなるのです。そうなれば、「難しそうだからあとで」という先延ばしグセも抑制することができるでしょう。

しんどいのを先に片づけたほうがやる気になるのか、簡単なタスクから先にポンポン片づけていくほうがやる気になるのか。これは人によって違います。

食事のとき、嫌いなおかずから先に食べるタイプか、好きなおかずから食べるタイプか、人それぞれなのと同じです。

優先順位をつける際には、**自分はどちらのタイプなのかによって、合うやり方を選ぶことが大事になります**。

DO IT NOW

STEP⑤ 「あとで」を追い払う

悪魔のささやきに負けない心理テクニック

得する気分になってテンションがあがるネガ・ポジ・アプローチ

例えば――。

家電量販店でパソコンを買い替えようか悩んでるあなたに、AとB、2人の販売員さんが新製品をすすめてきました。

A：最新OS搭載の高性能マシンです。デザインも美しくて超軽量。今日までキャンペーン期間で特別価格ですよ。

B：最新OS搭載の高性能マシンです。デザインも美しくて超軽量。この特別価格は今日までで明日からは通常価格。もうこの価格ではお求めいただけませんよ。

どちらもすすめているのは同じ特別価格の新製品なのですが、Bのほうがより「今日買いたい」という気持ちになると思いませんか。

それは今日買わないと「明日からはもうこの価格では買えない」というデメリットが提示されているから。そのため今日買えば、よりお得に感じるわけです。

このように、**メリットだけを見せられるよりも、デメリットと比較して落差を感じさせることでメリットがより強調される**ことを、心理学で「コントラスト効果」と呼びます。

そしてこのコントラスト効果を先延ばし対策に応用したのが、この項で解説する「ネガティブ・ポジティブ・アプローチ（ネガ・ポジ・アプローチ）」です。

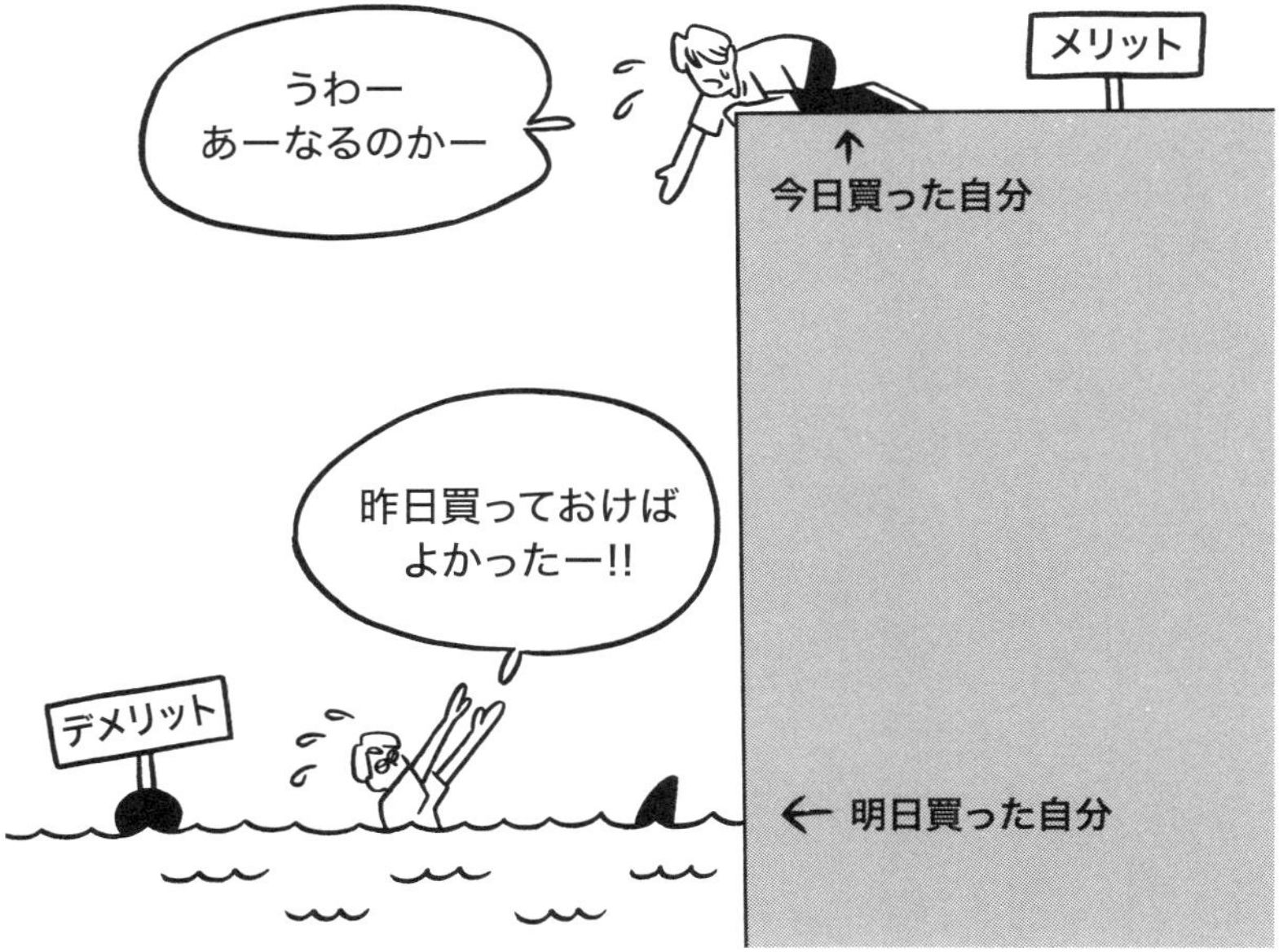
うわー
あーなるのかー
メリット
↑
今日買った自分
昨日買っておけば
よかったー!!
デメリット
← 明日買った自分

手順は簡単です。目の前のやるべきタスクについて、

手順① このまま先延ばしした場合の「デメリット（ネガティブ要因）」を書き出す

↓

手順② このまま先延ばしした場合の「メリット（ポジティブ要因）」を書き出す

↓

手順③ 両者を比較する。

というもの。先延ばしのデメリットとメリットを書き出して比べるのです。

まず手順①の、先延ばしのデメリットを考えてみましょう。

「スケジュールがズレこんで仕事が重なり、かえってキツくなる」

「あとあとになって残業が増える」

「やりかけのままじゃ、週末に心置きなくゴルフに行けない」

「来週にもし風邪でも引いたら間に合わない」

「職場での評価が下がる」

――いろいろと出てくるでしょう。

次は手順②。この「ネガ・ポジアプローチ」のポイントは、先延ばしのメリットも考える点にあります。

やらなければいけないことなのですから、それを先延ばしすることのメリットなどほとんどないのが普通。そうした非合理的な行動には「メリットなんてないよな」と自分でもわかっているはずです。

それでもメリットを考えてみましょう。例えば、

「今、この瞬間、イヤなことから逃れられる」

「今日、飲みに行かれる」

――当然、こちらはなかなか出てこないでしょう。

そして手順③両者を比較すれば、先延ばしのデメリットのほうがたくさん思いつく

のは言うまでもありません。

そして人には、**なかなか思い浮かばないことよりも、たやすく思いつくことのほうを重要だと思う、という心理傾向があります。**

そのため「先延ばしのメリットはあまり思い浮かばない」と自覚することで、「先延ばしはプラスにならない。いいことはない」という意識が植えつけられていきます。

ただ単に先延ばしのデメリットを考えるだけではなく、同時に「先延ばししたところでメリットはほとんどない」という視点を持つ。

そうすることで、**よりデメリットが際立つため「やっぱり、すぐやったほうがいい」という気持ちが起こりやすくなるのです。**

自分を鼓舞する「独り言」の魔法

「できる、できる、絶対にできる！」

「自分を信じろ、不可能なんてない！」

「あきらめるな！」

スポーツでも仕事でも勉強でも、頑張っている誰か、頑張っているけれどくじけそうになっている誰かを応援するとき、こうした声をかけますよね。シンプルでポジティブな言葉は、ときに人を励まし、元気づけ、勇気を与え、奮い立たせてくれます。

アメリカでは、試合前のアスリートに向けて監督やコーチが激励の短いスピーチをすることがよくあります。これは**「ペップトーク」と呼ばれるモチベーションアップのための話術のひとつ**。今ではスポーツのほかにビジネスや教育、子育てなどあらゆる分野で広く活用されています。

このペップトークを自分自身に向けて使う、つまり**自分で自分を励ますことで先延ばしグセを追い払うアプローチが「セルフ・ペップトーク」**です。

やるべきタスクを目の前にして「面倒くさいな」「つまらないな」「飽きてきちゃったな」といったネガティブな先延ばし思考が湧き上がってきたら、こんなふうに自分に言葉をかけてみましょう。

「いったん手をつけさえすれば大丈夫！」

「ここまでやったんだ。まだまだできるよ！」

「頑張って終わらせたら楽になるぞ！」

「サクッと済ませちゃって、夜はおいしいものを食べに行こう！」

こうしたポジティブな励ましや応援の言葉を自分にかけてあげる。

すると、不思議なことに、「よし、やっちゃうか」とやる気が湧いてくるもの。

プラス思考の自己暗示をかけるわけです。

ここで大事なのは、心で思うだけでなく**「言葉にして、声に出して言う」ということ**。言うなれば、**自分を鼓舞する"ポジティブな独り言"を言うわけです。**

そんな簡単なことで、と思う人もいるかもしれません。しかしこれが意外にも大きな効果を発揮します。

やるべきことを前にしてつい「あとで」と思う先延ばしグセは、ある事象が起きたとき瞬間的に無意識に浮かぶ思考＝自動思考のひとつとも言えます。

自動思考を止めるために重要なのは、その思考が思い浮かぶたびに「今、自分は自動思考した」と自覚することです。

「あとで」とつい思ったら、意識してポジティブな独り言（セルフ・ペップトーク）を発する。思うだけでなく、声に出して言う。その行為で、「オレは今、無意識に先延ばししようとしていた」と自分の自動思考を認知できるのです。

いつものクセを直す第一歩は、そのクセを自覚することです。

無意識な思考のクセを意識的に認知できれば、そこにブレーキをかけることもできるようになります。

セルフ・ペップトークには、ポジティブな言葉で自分を鼓舞して自己暗示にかけるだけでなく、先延ばしグセという自動思考を認知するという効果もあるのです。

カタストロフ・スケールで自分のやる気を「数値化」してみる

次に紹介するのが、目の前のタスクについて、「どのくらいやりたいか」「どのくらいやりたくないか」、その度合いを明確にするというアプローチです。

それも「全然やりたくない」とか「できることならやりたくない」といったあいまいで抽象的なものではなく、きちんと数値化する。つまり、**やりたくない度（やりたい度）に点数をつけるということです。**

手順①　目の前に1から100までの目盛り（スケール）があると想像してください

⬅手順② そこにやらなければならないタスクについて、自分にとってのレベル1、レベル100などの事象を当てはめて基準をつくります

目盛り「1」は自分にとって「何をおいても今すぐやりたい」レベル、MAXの100は「死んでもやりたくない、絶対にイヤ」レベルなどを指します。例えば、「1＝世界一周旅行、彼女とのデートｅｔｃ.」「100＝絶叫マシン、虫を食べるｅｔｃ.」

⬅手順③ 目の前のタスクはその目盛りのいくつに該当するかを冷静に考える

日常生活や通常のビジネスシーンで求められることに、「死んでもやりたくない」「やるくらいなら死んだほうがマシ」というレベルのことはそうそうないはず。逆に言えば、目の前のタスクよりもやりたくないことは山ほどあるでしょう。

さあ、そのタスクの数値はいくつですか？

伝票の精算なんて、やろうと思えばすぐできるんだよ。でも今日の飲み会は最初から参加したい。そう考えたら「70」くらいかな——。

資料をつくるのは面倒だけど、「死んでも」というほどじゃない。大嫌いな絶叫マシンに乗るか、資料をつくるか、どっちを取るかと言われたら、資料だよな。なら、やりたくない度「40」ってところか——

状況や環境によって目盛りの数値は人それぞれ異なるでしょう。しかし、底辺で共通している最終的な結論は、「先延ばししようと思ったタスクも、死んでもやりたくない○○に比べればたいしたことはない」という心理です。

「まだ下がある」「あそこまではイヤじゃない」——という発想で、現状よりも下を見て比較することを心理学で「下方比較」と言います。

そして、ただ何となくの**「面倒だ」「やりたくない」を数値化して**タスクの難易度や重要度をリアルに把握し、極端に数値の高い事象と比較する。このヴァーチャル目盛りによる「やりたくない度の数値化」はカタストロフ・スケールと呼ばれています。

カタストロフ・スケールと下方比較によって、タスクに手をつけるモチベーションをアップさせる。前述のコントラスト効果を応用した先延ばし解消の心理アプローチと言えるでしょう。

他人の目を取り入れる「ヘルプ ミー」の法則

意外かもしれませんが、タスクに飽きたり集中力がなくなって「残りはあとで――」と思い始めたとき、**「誰かに助けを求める」「手伝いを頼む」のも先延ばしを防ぐ効果的な方法です**。

人に手伝ってもらったら楽になって、かえってやる気が損なわれるのでは――と思いきや、実はそうでもありません。

助けを求めるという方法の本当

の目的は、**「他人の目を入れる」ことにあります**。

自分ひとりで取り組んでいるなら、「まあいいか」と先延ばししてしまうけれど、自分がヘルプをお願いした人が横にいると、そういうわけにはいかないですよね。

ライザップやパーソナルジムが本気でダイエットしたい人に人気なのは、専属のトレーナーが〝他人の視点〟でチェックしてくれるからです。自分だけでは「ちょっとくらいサボってもいいか」「食事制限してるけど、今日は食べちゃおう」という気持ちになりがちです。

しかし、そこに**他人の目（第三者による監視やチェック）があることで、その甘えが抑制されるのです**。ごまかしても専門家が見たらすぐバレてしまいますから。

自宅で断捨離しようと思っても、自分でやると「これはまだ使うかも」「あれは捨てるのもったいない」となってなかなか進みませんが、家事代行サービスに依頼すると、他人の目でシビアに「不要なもの」を選んでくれるので思い切った断捨離ができるのです。

それと同じこと。

労力を分担してもらうというよりも、**他人の目の存在で先延ばしグセに歯止めをかけるための「ヘルプミー！」なのです。**

第5章

「すぐやる」があたりまえになる
5つの習慣化戦略

脳の特性をふまえて「すぐ」を習慣化にする

この章の目的は、**「先延ばしせず、目の前のことをすぐやる習慣をつける」ことにあります**。とはいえ、この「習慣化」がなかなかの難敵。

毎日腹筋を30回やろう。毎晩日記を書こう。夜9時以降のお菓子はやめよう——。そう思い立って頑張れるのは最初の数日。次第に面倒になって「今日はいいや」「明日にしよう」とズルズルと先延ばしし、結局は途中でやめてしまう。

こうしたとき、多くの人は自分の意志の弱さを嘆きます。自分にはコツコツと続ける意志の力が欠けている。だから習慣化なんてできっこないと。

しかし、**行動が習慣化できないのは、あなたの意志が弱いからではありません**。本書の第1章でも触れたように、そもそも人間の脳は新しい習慣を受け入れるのが苦手という特性を持っているからです。

ならば、やっぱり習慣化なんてできないのでは――そんなことはありません。

そこで、そうした〝脳の事情〟を踏まえたうえで、それでも「すぐやる」を習慣化できる効果的かつ具体的な戦略をご紹介します。キーワードは次の5つ。

①こうしたら、すぐやる
②すぐやったら、ごほうび
③自分のパターンを知る
④やってしまえばこんなもの
⑤できることから変えてみる

脳科学と心理学の見地に立ったこれらのアプローチなら、**誰でも「やるべきことを前に、自然と体がすぐ動く人」になることができます**。

自分というOSから先延ばしの悪習慣システムを削除して、新たに「すぐやる」新習慣をインストールしていきましょう。

DO IT NOW

習慣化戦略①

こうしたら、すぐやる「if then戦略」

状況と行動のリンクが習慣をつくり、悪習慣を直す

「ぐずぐずせずに、すぐ取り組む」という新しい行動を習慣化する。そのためのアプローチのひとつが、**「状況と行動をリンクさせたルールづくり」**です。

朝起きたら歯を磨く。誰もが何気なくやっていることでしょう。

多くの人にとって「朝起きた」という状況になったら「歯を磨く」という行動をとる、というルールが体に染みついているために、毎朝、何も考えず、無意識に、条件

反射のように実行に移せるのです。

私たちの脳は、この「XならYする」というルールの記憶が得意なため、それに従って行動することで、その行動が習慣化しやすくなると言われています。

つまり「習慣にしたい行動」と「そのきっかけ（トリガー）になる状況」を結びつけて脳に叩き込んでしまえば、それが習慣になるということ。例えば、

●帰宅して着替えたら、すぐ腹筋を30回やる
●風呂から出たら、すぐ日記を書く

このような、ある状況をトリガーにして新しい行動を起こさせる決め事、「もしXが起きたら、Yする」という決め事を「if then ルール」と呼びます。

if thenルールは新しい習慣を身につけるだけでなく、「悪い習慣をやめる」ためにも非常に有効です。よく「タバコが吸いたくなったら、アメをなめる。ガムをかむ」と言いますが、それと同様に、

●痩せられない → 甘いものが食べたくなったら、まず炭酸水を飲む
●寝坊ばかり → 二度寝したくなったら、行きたくなくても一度トイレに行く
●夜更かしをやめたい → ○時になったら、テレビとパソコンを消す
●すぐイライラする → イラッときたら、天を仰いで3回深呼吸する

「やめたい習慣が首をもたげてきたら（if）、○○する（then）」と決めてしまうのです。

こうしたことも口寂しさを紛らわすだけでなく、「if thenルール」を

ルール決めまSHOW!
問題です タバコが吸いたくなったら…?
ガムをかむ!!
正解!!
ピンポン

活用した喫煙習慣のような「やめたい習慣」のブロック方法と言えるでしょう。

このように、**やめたい習慣に具体的な行動をリンクさせることで、「やらないことを習慣化する」わけです。**

ですから、「先延ばしグセ」という習慣をやめたいなら、例えば、

- **目の前のタスクを「面倒くさい」と思ったら、深呼吸を5回してから手をつける**
- **タスクに飽きて「あとで」と思ったら、その瞬間からもう5分だけ続ける**

――こんなif thenルールをつくってみてはどうでしょうか。

これを繰り返すことで、「面倒くさい」と思ったら無意識に深呼吸するようになり、「よし、やるか」と思うようになる。「あとで」という気持ちになったら、無意識に「もう5分」やろうとするようになっていきます。

実は私も普段から、最初の例に挙げた「面倒くさいと思ったら、手をつける」というルールを実践しています。

請求書を送るとか、税金の振込みとか、決算の手続きとか、資料書籍の整理とか――こうした事務手続き系の仕事というのは、やはり面倒くさいもの。こうしたタスクを目の前にして、自分のなかに「うわ、これ面倒くさいなぁ」という感情が湧き起こった瞬間に、半ば強引に「エイヤッ」と取りかかってしまうのです。

これを続けた結果、「事務手続きはとっとと済ませる」ことが、私のなかで無意識の習慣になりました。

始めたら一度で終わらせ、〝やりかけ〟をつくらない

もうひとつ、私が日常で実践している習慣化のための自己ルールがあります。それが「一度しか手をつけないルール」です。これは「あとでと思ったら、もう5分だけ続ける」という2番目の例に近いニュアンスかもしれません。

私は頻繁にＡｍａｚｏｎで本を買うのですが、以前は、おもしろそうな本を見つけても、「まだほかにいい本があるかもしれない」「もっと選んでから買おう」などと考

えて、とりあえずカートに入れて検索を続け、結局、そのまま何も買わなかった、ということがよくありました。そういう本に限って、次の機会に買おうと思っても在庫がなかったりするもの。こうした失敗を何度も繰り返した末に、「買おうと思ったら、その場ですぐに注文してしまう」ことにしました。

つまり「その本の購入については一度しか考えない。先延ばしにしてあとでまた考えるのをやめる」というルールをつくったのです。

これは本の購入だけでなく、日常生活のほかの面でも実践しようと

思っています。例えば洗濯や掃除、食器洗いといった日々の面倒な作業についても、「一度しか手をつけない」。少しだけやって「残りはあとで」ではなく、始めたら一度で終わらせてしまうようにしています。

つまり〝やりかけ〟をつくらないということです。

デスクの片づけを始めたけれど途中で面倒になって「残りはあとで」。何通もある仕事のメールに返信する際、途中で面倒になって「残りはあとで」。

――これでは結局、デスクの片づけやメール返信というタスクに2度も3度も手をつけることになる。何度もやっているうちに、最初のやる気がどんどん削がれて、最終的に「今度でいいや」「や〜めた」になってしまう可能性も高くなるでしょう。

「一度しか手をつけない」とは、こんなことにならないように自分に課しているルールなのです。

これも「手をつけたら、一度で終わらせる」というif thenルールのひとつと言っていいかもしれません。

状況と行動をリンクさせるif thenルールは、先延ばしに限らず、ほかのクセを直したり、習慣を変えたりする場合にも大いに役に立ちます。

習慣化とは、思考と行動を「自動化」させること

「仕事のメールを見たら、すぐに返信する」といったif thenルールは、なぜ習慣化に役立つのでしょうか。

それはそのルールに則《のっと》って繰り返し行動しているうちに、思考と行動が「自動化」されてくるからです。

メールが来ているのがわかっていても、別に返信するわけでもない、かといって読まずに削除するわけでもない。

メールを前にして、どうしようかな。これって返信しなきゃいけないのかな。いつ返信しようかな。いつまでに返信すればいいのかな――などとずっと考えている。

これは、自分の意志で行動を決める、いわば〝非自動的〟な思考と行動です。メールの返信をつい先延ばししてしまう人の行動とは、およそこんな感じでしょう。

一方、「メールを見たら、すぐ返信する」というルールで強制的に行動を決めた場

合はどうか。決まりごとですから、ああだこうだ考えずに、ただルールに従って返信するでしょう。つまり「すぐ返信する」が、本人の意思とは無関係の〝自動化〟された行動になっているということです。

一旦、自動化されてしまえば、もうそれについてあれこれ迷ったり考えたりする必要がないので、すぐに行動できますし、労力の節約にもなります。

アメリカのオバマ前大統領も在任中、本当に重要な意思決定以外は、徹底してこうした自動化を意識したタスク管理を行っていたといいます。

私は少し前から、自宅マンションのポストに郵便物や荷物が入っていたら、「その場で開封し、出たごみはすぐに捨てる」ことをルールにしています。

エントランスに入居者用のゴミ箱が置いてあるので、そこに空き封筒やDM、梱包用ダンボールなどをすべて捨て、中身だけ持って部屋に入るのです。

このルールを実践してからは、紙ごみを出すサイクルがかなり減りました。そして、それまでは面倒で「ごみを出すのはあとにしよう」ということもあったのですが、ごみ自体が減ったために、その先延ばしもほとんどしなくなりました。

「開封したら、すぐその場でゴミを捨てる」という行動の自動化が、家に余計なごみを持ち込まないという環境を生み、結果、先延ばしグセが抑制されたのです。

　また、乾燥機で乾かした洗濯物をたたむのが億劫《おっくう》で、つい先延ばしにしがちでしたが、洗う前の服を入れる洗濯カゴをやめて、服を洗濯機に直接投げ込むようにしてからは、すぐたたむ習慣が身についたという経験も。

　どういうことか。乾燥させたらドラムから出してたたんでおかないと、次の洗濯物を入れられなくな

る、洗濯ができなくなるんですね。だから否応《いやおう》なしに（自動的に）取り出してたたまざるを得なくなりました。

洗濯カゴをやめたという環境が、「乾いたらすぐたたむ」という行動の自動化を生み出したわけです。

つまり「すぐやる」の習慣化には、いかにしてその行動を自動化するか、そのための環境をどう整えるか、が大きく関わっているのです。

DO IT NOW

習慣化戦略②

やれば、もらえる「ごほうび戦略」

すぐやったとき〝だけ〟自分にごほうびをあげる

先延ばしせずに頑張った自分に、何かごほうびをあげる。逆に言えば、**ごほうびという〝ニンジン〟を用意することで「すぐやる」を習慣づけるテクニックです。**

「すぐにやったらゲームを買ってあげる」「勉強したらお小遣いあげる」――モノで釣るなんて月並みな、と侮るなかれ。

これは、「やったらごほうび」というシンプルな方法を、より強力にグレードアップさせて、非常に高い効果が実証されている「誘因バンドル」という目標達成テクニックです。

簡単に言えば、**「やりたくないタスク」と「自分の大好きなもの」を〝制約つき〟で組み合わせるというもの。**

例えば、チョコレートが大好物だけど、食器洗いが面倒くさい奥さんが、すぐに食器を洗う習慣をつけたいと思ったとしましょう。その場合、あらかじめご主人にチョコレー

トの箱を預けておき、「食器を洗い終わったあとだけ、ご主人からチョコレートを受け取って食べられる」というルールを決めておくのが誘因バンドルです。

重要なのは、チョコレートをご主人に預けておくという点。これが「洗い物をしたとき以外に食べるのは不可能」という制約になります。

もし家の戸棚にチョコレートの箱を置いて、奥さんが自分で食べようと思えばいつでも食べられる状況であれば、なかなか効果は表れません。人は弱いもので、つい「まあ、いいか」とチョコレートを口に入れてしまう可能性が高くなります。これではごほうびの価値が低くなって「洗い物を先延ばししない」という習慣づけは進まないでしょう。

習慣化するにはルールを決めるだけではなく、実際に「洗い物をしないと食べられない」という物理的状況をつくってごほうびに制約をつくることが大事なのです。

ペンシルバニア大学のキャサリン・ミルクマン教授が2013年に行った実験では、この誘引バンドルを活用して被験者の学生に週5回のジム通いを続けさせることに成功しています。つまり、学生の運動嫌いを克服させたのです。

その際に決めたルールは、「ジムに行ったときしかオーディオブックを聞いてはいけない」というもの。
ミルクマン教授の実験は以下のとおりです。

実験

まず被験者である226名の学生を、3つのグループに分けて誘因バンドルの効果を比較。いちばんジム通いを習慣にできたのはどのグループ?

A　ジムにおもしろいオーディオブックの入ったiPodを設置し、ジムに行って、トレーニングしたときだけしか聞けないようにする。

B　おもしろいオーディオブックの入ったiPodを渡して、「ジムに行ってトレーニングしたときだけオーディオブックを聞いてください」と指示する。

C 商品券をあげて「もっとジムに行ってトレーニングしてください」と指示する。

結果はA。

実験の結果、グループAの学生はグループBより29％も多く、グループCより51％も多くジムに行くようになったといいます。

好きなことと嫌いなこと、この場合は「オーディオブックを聞く（ごほうび）」と「ジムに行く（めんどくさいこと）」を組み合わせるだけでも効果はある（グループB）けれど、そこに物理的な制約をつける（グループA）とさらに効果が上がる（ここでは22％も）ことが実証されたということです。

いつも遅れてしまう経費精算を期日までに済ませることができたときだけ、大好物のお寿司を食べに行く。

昼間のうちに部屋の片づけができた休日だけ、とっておきのウイスキーを飲む。

○○○○したときだけ、△△△する。

やるべきことを先延ばしせず、すぐに取り組めたときだけごほうびを。誰だって大好きなモノで釣られたら、普段は重い腰がグンと軽くなるものです。そんな、現金で**わかりやすい心理が、「すぐに動く」の習慣化に大きく役立ちます。**

すぐやればごほうび。でも先延ばしにはペナルティ

とはいえ、いくら物理的な制約をつけても、自分が自分に課しただけでは、つい甘くなってしまいがち。ズルしてルールを破ってしまうこともあるでしょう。先延ばししたけど今回はごほうびをもらっちゃおう。1回くらいいいだろう。次からちゃんとするよ――こうした弱さもまた、人間の証しです。

そうした場合も考えて、この誘因バンドル（ごほうび戦略）をさらにアップグレードした方法を紹介しておきましょう。

それは、**「やらなかったときのペナルティ（罰）を設ける」**というもの。しかも、

ペナルティの実行を、自分以外の誰かに委ねるのです。

例えば、洗い物をすぐにやらずに先延ばししたら、大好物のチョコレートを〝ご主人に〟捨ててもらう。

もしジムをサボったら、〝誰かに頼んで〟オーディオブックの内容を消去してもらい、続きが聞けなくなるようにする。

禁煙している人なら、「1本だけなら――」とタバコを吸ったら〝友だちに〟1万円徴収される。

といった感じです。面倒だけれどやらなければならないことを先延ばししたら、第三者によって自分の大

はい
現行犯ー!!
タバコ吸ったので1万円いただきます♥
あっ!!

好きなものが処分される、奪われるというルール、「第三者の手で自分にペナルティを科す」というルールを設定するということ。

つまり、ペナルティを受けたくないという心理によって、「すぐやる」を習慣化しようというアプローチです。

この方法によって行動の習慣化をサポートしてくれる興味深いWebサイトも存在します。イェール大学教授で経済学者のイアン・エアーズが開設している「StickK.Com」というサイトがそれ。

「StickK.Com」では減量や禁煙などの目標を持つ人に向けて、達成できなかった場合のペナルティを設定・執行するというサービスを提供しています。

例えば『減量に失敗したら1万円の罰金』と設定しておくと、減量できなければ本当にクレジットカード決済で1万円が徴収されるのです。

さらにおもしろいのは、徴収された罰金が「設定者がもっとも支持しない非営利団体に寄付される」という点です。わかりやすく言えば、アンチ巨人の人から徴収した罰金は、巨人軍に寄付されてしまう。熱心な信徒の罰金が支持しない宗派に寄付されてしまうのです。多くの人がこのサイトで三日坊主を克服、減量や禁煙に成功しているといいます。

すぐやったらごほうび、先延ばししたらペナルティ。前述の**「ごほうびを手に入れたい心理」と「ペナルティを回避したい心理」の相乗効果によって、行動の習慣化を促す手法を「行動契約」といいます**。

とてもシンプルなアプローチですが人間心理の本質をついており、行動を習慣にしたい。**悪いクセを直したいという人にとって効果は絶大**。試してみる価値ありです。

DO IT NOW

習慣化戦略③

自分のパターンを知る「先延ばし日記」

毎日の記録で、自分の先延ばし傾向を自覚する

毎日食べたものを記録するだけでやせられる――以前、「レコーディングダイエット」なるダイエット法が話題になったのを覚えていますか。

なぜそれだけでやせられるのか。それは書き残すことで「自分が食べたものを意識できる」からです。

ついケーキを食べてしまった。気がついたらお菓子に手が伸びていた。いつものク

セで大盛りを頼んでしまった。やせられない人はこうした「無意識のうちに食べてしまう」というワナに陥ってしまうケースが少なくありません。

だから、食べたものをすべて書き記しておく。そうすれば、自分がどれだけ食べたかを自分の目で確認することができます。つまり、**自分の無意識の行動を意識できるようになるということ**。

「こんなに食べていた自分」を意識することで、それが抑止力となり、「つい食べ過ぎる」という無意識の習慣を修正できるというわけです。

昨日は牛丼の大盛り…その前はビッグバーガーを食べてますよー
過去の自分
ケーキはあきらめ…ます

この考え方を、**先延ばしという悪い習慣の修正に当てはめたのが「先延ばし日記」**というアプローチです。

要するに、目の前のやらなければならないタスクを「つい」先延ばしにしたときの状況を、普段から残しておくということ。具体的には、

①今日、どんな作業を先延ばしにしたか
②そのとき、どんな言い訳をしたか
③それはいつ頃の出来事か
④そのとき、どんな感情だったか
⑤その作業の代わりに何をしたか

という項目について、箇条書きでいいので書き残しておきます。例えば、

①コンビニで電気料金の支払いをするのを先延ばしにした
②コンビニに寄っている時間がなかった

③朝、出勤する前
④もう少しくらい遅れても大丈夫と簡単に考えていた
⑤ギリギリまで寝ていた

こうしたことを普段から継続的に記録していくと、そこから「自分の先延ばしパターン」が見えてきます。

どんなことを先延ばししやすいのか。どんな言い訳をしやすいのか。先延ばししたくなる時間帯はどこか。先延ばししたくなるのはどういう感情のときか。先延ばしにして代わりに何をしているのか。傾向が見えてきます。

そして、自分のパターンがわかれば、それだけ対策もしやすくなるわけです。

①支払いや送付などの伝票処理を先延ばしにしがち　→　届いたらすぐ払う
②「時間がない」を言い訳にしがち　→　時間に余裕を持つ
③朝、出勤する前にやることを先延ばしにしがち　→　夕方やることにする
④大丈夫と楽観的に考えがち　→　先延ばしのデメリットを考える

⑤大したことをしていないことが多い　↓　だからさっさと済ませたほうがいい

できなかったことを、なぜできなかったか記録する。記録して原因や傾向を知って、それを消していく。体に染みついた悪い習慣を修正するときによく使われる効果的なアプローチです。

価値観日記とセットで、より習慣化しやすくなる

「先延ばし日記」のポイントは、記録する内容が「できたこと」ではなく「やらなかったこと」「できなかったこと」だという点にあります。

先延ばしグセをあぶり出して修正する、つまり悪い習慣を直すための記録が「先延ばし日記」ということです。

これとは逆に、目の前のことにすぐに取り組める習慣＝いい習慣を身につけるためにも記録は役に立ちます。それが「価値観日記」です。

価値観日記とは、自分の大切な価値観に結びつく行動を日記に書き残すというもの。

価値観に基づく行動を習慣化するためのアプローチです。

まず自分が大事にしたい価値観（コアバリューと呼びます）を決めます。「心に余裕を持つ」「他人に親切にする」「多くの知識を得る」といったこと。もちろん人それぞれですから、どんなことでもかまいません。

それを決めたら、1日の終わりに「今日は自分の価値観に従って、何をしたか、どんな行動をしたか」を書き出します。例えば、

「心に余裕を持つ」→30分早起きした、時間をかけてアイロンがけをしたetc.
「他人に親切にする」→高齢者に席を譲った、道に迷った外国人に声をかけたetc.
「多くの知識を得る」→空き時間に図書館に行った、映画を見たetc.

このように、毎日ひとつでいいので、価値観のためにしたことを書き出すのです。

「満員電車でイラつくのが嫌だから1本やり過ごした」

「席は譲っていないけど、優先席に座らなかった」

「本も読んでいないけれど、新しい仕事に挑戦した。これも経験という知識だ」

——こんな〝こじつけ〟でもかまいません。価値観に貢献する何かをしたという事実を見つけて書き出すことが重要なのです。

そうすることで自分が自分の価値観に向かって前進しているという感覚が生まれ、それが自分への自信へとつながります。

自分への自信（自己効力感）が高

今日も
価値観に向かって
前進したぞ
逃げられたけど…
カキカキ
他人に親切にする
良かったら
僕の
かさに…

まれば、面倒なことに対峙《たいじ》しても大きなストレスを感じなくなり、目の前のことにすぐに取り組めるようになるということ。

価値観日記をつけて自己効力感を高めることで、「すぐやろう」という気持ちを育てていくわけです。

「先延ばし日記」で先延ばしグセをあぶり出して修正し、「価値観日記」で自己効力感を高める。ふたつの日記のアプローチをセットで行うことで、より効果的に「すぐやる」を習慣にしていくことができます。

DO IT NOW

習慣化戦略④

やってしまえばこんなもの「ぐずぐず主義克服シート」

やる前から「面倒」「難しい」と考えるクセを矯正する

面倒くさそうだと思ったけれど、やってみたらそれほど面倒じゃなかった。絶対失敗すると思っていたけれど、フタを開けてみたら想像以上にうまくできた。こんなことならもっと早くにやっとけばよかった――私たちが先延ばしを後悔するのはこうしたときでしょう。

逆に考えれば、やる前から「すごく難しいに決まってる」と難易度を過度に高く見

	やるべき作業（できるだけ細分化する）	予想される困難度（0～100）	予想される満足度（0～100）	実際の困難度（0～100）	実際の満足度（0～100）
1					
2					
3					
4					
5					
6					
7					
8					

積もったり、「上手にできるわけない」と満足度を過度に低く予想したりしてしまうとき、人は先延ばしをしやすくなるということ。

取り組む前から、目の前のタスクについて極端にマイナスに、**ネガティブに捉えすぎるから、やる気が削がれてしまうのです。**

ならば、こうした「何でも悪く考えすぎる」思考パターンを矯正していけば、やる気が維持できて、先延ばしせずにすぐやる習慣が身につくはずです。

そのために非常に有効なのが「ぐずぐず主義克服シート」という方法です。

簡単に言えば「予想」と「現実」のギャップを記録することで、少しずつ自分の脳に「実際にやればさほど難しくない」「やってしまえば満足できる」ことを教えこんでいくということ。脳トレですぐやる習慣をつけるのです。

ノートに手書きでも、パソコンのエクセルでも、何でも構いません。241ページの図のようなシートのフォーマットをつくってください。

そして、やるべきタスクを前にしたら、以下の手順でシートを作成していきます。

手順①　「やるべき作業や仕事」の達成に必要な手順を、できるだけ細分化する

↓

手順②　それぞれの手順について、「どれぐらい難しそうか（予想される困難度）」と「どれぐらい達成感がありそうか（予想される満足度）」を100点満点なら何点か、数値化して記入する

↓

手順③　それぞれのタスクを終えたら、ひとつずつに、「実際の困難度」と「実際の満足度」は100点満点で何点だったか、数値化して記入する

これだけ。大きなタスクを小さなステップに細分化して、それをやる前とやったあとで困難度と満足度に点数をつけていくのです。

すべてのタスクを終えたら予想と現実を比較してみましょう。実際に数値化して比べればよくわかりますが、たいていの〝やらなければいけないこと〟は、予想より簡単、予想より満足度が高いという結果になるでしょう（例外もありますが）。

- **初めて取り組むAという作業の難易度は40ぐらいあると思っていたけれど、実際にやってみたらすぐに慣れて10程度の難易度しかなかった**
- **その作業Aだけを終えても大きく仕事が進むわけではない。だから満足度も30ぐらいと踏んでいたが、やってみたら思わぬ進展があって50ぐらいの満足度があった**

という具合に、「やってしまえばこんなもの」であるケースが非常に多いのです。

このように日常のさまざまな作業で**このシート作成を続けていくと、脳には次第に、「やってしまえば簡単だし、満足できる」という思考のクセがついてきます**。その結果、やるべきことを「先延ばしせず、すぐやってしまおう」と考えるようになる。これがぐずぐず主義克服シートの効用です。

ただ、この方法は即効性があるアプローチではないため、**ある程度の期間（2週間程度）継続してのチャレンジが必要**になります。

このシートによる先延ばし克服アプローチは認知行動療法家のデイビッ

〈予想のタスク〉

予想難易度 90

予想満足度 10

ド・D・バーンズが考案したメソッドの応用版。

本来は、うつ病の治療に取り入れられてきた手法です。

そのため「やる前から悪いことばかり考えてしまって行動に移せない」という心理状態が原因の先延ばしグセの矯正にも効果があるのです。


〈現実のタスク〉

難易度 5
満足度 100

DO IT NOW

習慣化戦略⑤

まず身近な「すぐ」を「できることからやる戦略」

小さな成功体験が、大きな習慣を引き寄せる

新しい習慣がなかなか身につかない。**悪習慣をなかなか変えられないときには、「より簡単なことの習慣化から始める」のも有効な戦略のひとつです。**

朝早く起きれば人生すべてがうまくいく。こんな内容の自己啓発本がありました。「本当かよ」「それだけでうまくいくわけない」と疑問に思う人もいるでしょう。

でもこれ、本当に理に適っています。

正確に言えば「朝早く起きる」でなくてもいいんです。毎日ひと駅分を歩くでも、毎朝、出勤前に風呂掃除をするでも、朝食は毎日、自分でつくるでも、何でもいい。要するに、**何であれ小さな習慣が確実に身についている人は、自分をコントロールできる人**。そういう人は、あらゆることに自己制御能力（自分をコントロールする力）が発揮できる、つまり〝うまくいく〟ということなのです。

本来の目的と直接関係ない習慣でもかまいません。趣味でも遊びでもどんなことでも、ゲン担ぎのような意味のない行動でも、ほんの些細な習慣でもＯＫ。

とにかく**「何かひとつ習慣を身につけられた」という小さな成功体験**が脳の自己制御能力を鍛え、あらゆる行動にフィードバックされ、**大きな習慣の習得をも可能にしていきます**。

例えば、タバコをやめたい人（喫煙習慣を変えたい人）なら、「階段を上るときは必ず左足から」という習慣をつけてみましょう。

一見、何の関係もないことのように思えますが、新しい習慣を身につけるために自己制御能力を使うという意味では、脳が行う行動は同じ。

「階段を左足から」という習慣を身につけられれば、「そんな自分なら禁煙だってできるはず」と、脳が自分の自己制御能力に自信を持てるわけです。

ダンベルを持ち上げるトレーニングで腕に力がつけば、その筋力でダンベルだけでなく、重い荷物も重い家具も持てるようになりますよね。それと同じこと。そう考えれば、**習慣化というのは脳の〝筋トレ〟のようなもの**とも言えるでしょう。

逆に言えば、家に洗濯物がたまっている。シンクに洗い物が積んである。でもオレは仕事を頑張ってるんだから仕方ない。そんな家のことは仕事には関係ない――こうした考え方は違うということになります。

洗濯物や洗い物が出たらそのままにせず、とっとと片づける。日常生活のそんな小さな習慣を身につけることで、仕事やその他すべての面において「あとで」「次に」という発想がなくなり、何事も「すぐやる」ことが当たり前になっていくのです。

一事が万事。まずは身近なできることから。

小さな習慣でも、ひとつ確実に身につけることができれば、その影響で「すぐやる」という大きな習慣も身につけられます。

先延ばしグセをなくす。すぐやる習慣をつける。そんな大きな習慣を変えるのが難しいなら、身近な「変えられる習慣」から変えてみましょう。まずは自分にできそうなイージーな習慣を習得するトライアルから始めてみてください。

おわりに

やるべきことをすぐにやらずに先延ばしする——本書ではそのデメリットについてさまざまな角度から述べてきました。しかし、先延ばしのデメリットの本質は、「価値ある時間の損失」にあると私は考えています。

やるか、やらないか。すぐやろうか、あとにしようか。こうして迷っている時間は、何も解決しないまま、何も前進しないまま、ただただ失われていきます。本書でも言いましたが、改めてもう一度。ああ、何ともったいないことでしょうか。

仕事がデキる人に共通するのは、仕事はバリバリこなしながら趣味もトコトン追求する。遊びも仕事もどちらも手を抜かないという生き方、人生の姿勢です。

「やるべきこと」はテキパキと終わらせ、「やりたいこと」に割く時間をしっかり確保する。そうした人はみな、時間の貴重さを知っています。最終的にやらなければいけないことがわかっていることを「今やるか、やらずに先延ばしするか」で悩んでいる時間のもったいなさを知っているのです。

あれこれ迷わずサッサと済ませてしまえば、気になっていた映画が何本も見られる。もう数回は釣りに行く時間が取れる。週末のゴルフの誘いを断らずに済む。私の場合なら「買いためてある本を○冊は読める」といったところでしょうか。

「すぐ」か「あとで」か迷っている時間で何ができるか――それを考えれば、やはり今やるべきことは、後回しにせずに、すぐにやるべきなのです。

本書のなかでも触れたように、明日やれば問題のないことまですぐにやる必要はありません。でも、少しでも「やっておいたほうがいいよな」という自覚のあるタスクは、あれこれ迷わずすぐに取りかかりましょう。

やると決めたことを済ませてしまえば、あとは何の気がかりも、心の奥底の心配や不安に気を散らされることもなく、やりたいことに思い切り取り組む快適な時間を手にすることができるのです。

逆に言えば、ひとつの小さな先延ばしが時間のムダと遅れにつながり、あとになってムダにした時間を悔やみ、更なる時間がムダになる。こうした「時間の損失ループ」から脱却する最善策は「今、この時間」を大切にすることです。

私たちはつい「大丈夫、時間はいくらでもある」などと考えてしまいがちですが、時間は無限ではありません。

だからこそ、やるべきことは先延ばししない。

それは人生における、限りある貴重な時間を大切にすることに他ならないのです。

本書によって、「あとで」の意識が「すぐ」へと変化し、みなさんに多くの有意義な時間がもたらされることを祈っています。

２０１８年10月　メンタリストＤａｉＧｏ

【著者紹介】
メンタリスト DaiGo
心理学に基づいて人の心を読み、高いパフォーマンスを生み出す技術“メンタリズム”を日本で初めて紹介したメンタリスト。TV メディアへの出演多数。その活動はビジネスやアカデミックな講演、企業へのビジネスアドバイザーやプロダクト開発、作家、大学教授など、メディアを超えて多岐にわたる。ビジネス啓発書から、恋愛や子育てまで幅広いジャンルで人間心理をテーマにした著書は累計 150 万部を突破。新潟リハビリテーション大学 特任教授、ジェネシスヘルスケア株式会社顧問。

先延ばしする人は早死にする！

2018 年 10 月 15 日　第 1 刷発行

著　者	メンタリスト DaiGo
発行者	井澤豊一郎
発　行	株式会社 世界文化社 〒 102-8187　東京都千代田区九段北 4-2-29 電話　03-3262-5118（編集部） 電話　03-3262-5115（販売部）

カバー	市川さつき（ISSHIKI）
本文デザイン	川野有佐（ISSHIKI）
DTP	ISSHIKI（デジカル）
撮影	田中恒太郎
撮影スタッフ	株式会社 fabriq
スタイリング	松野宗和
ヘアメイク	茂木りさ
イラスト	竹内 厚
編集協力	柳沢敬法
印刷・製本	中央精版印刷株式会社
編集担当	後藤明香

ISBN 978-4-418-17213-9